머리를
**9**하라

초판 1쇄 발행 2013년 4월 10일
초판 19쇄 발행 2022년 2월 3일

지은이 정철

**발행인** 이재진 **단행본사업본부장** 신동해 **편집장** 김예원
**책임편집** 이남경 **마케팅** 이화종 권오권 **홍보** 최새롬
**국제업무** 김은정 **제작** 정석훈

브랜드 리더스북
주소 경기도 파주시 회동길 20
문의전화 031-956-7362 (편집) 031-956-7068 (마케팅)
홈페이지 www.wjbooks.co.kr
페이스북 www.facebook.com/wjbook
포스트 post.naver.com/wj_booking

발행처 (주)웅진씽크빅
출판신고 1980년 3월 29일 제406-2007-000046호

ⓒ2013 정철, 저작권자와 맺은 특약에 따라 검인을 생략합니다.
ISBN 978-89-01-15625-5  03320

리더스북은 ㈜웅진씽크빅 단행본사업본부의 브랜드입니다.
이 책은 저작권법에 따라 국내에서 보호받는 저작물이므로 무단전재와 복제를 금지하며,
이 책 내용의 전부 또는 일부를 이용하려면 반드시 저작권자와
㈜웅진씽크빅의 서면 동의를 받아야 합니다.

* 책값은 뒤표지에 있습니다.
* 잘못된 책은 구입하신 곳에서 바꾸어드립니다.

# 머리를 9하라

카피라이터 정철의

정철 지음

리더스북

해가 졌다.
아니요, 별이 떴지요.

편식은 나쁘다.
아니요, 그것은 식성일 수도 있지요.

가장 많은 음식을 담을 수 있는 그릇은 큰 그릇이다.
아니요, 빈 그릇이지요.

결혼은 가장 사랑하는 사람과 하는 것이다.
아니요, 결혼은 가장 오래 사랑할 사람과 하는 것이지요.

나가 모이면 우리가 된다.
아니요, 나를 버려야 우리가 되지요.

아니요, 는 부정이 아니라 새로운 생각의 시작이다.
네.

## 출발_ 머리 위에 아홉 가지 음식을 차리며

나는 29년차 카피라이터다. 카피라이터가 뭐하는 사람인가. 한마디로 남의 이야기를 대신해 주는 사람이다. 삼양라면 이야기도 대신해 주고 하이트맥주 이야기도 대신해 주고. 때로는 호떡집이나 영화 제작사 이야기도 대신해 주고. 대신증권 지점장도 아닌데 대신이라는 단어와 어쩔 수 없이 친해져야 하는 사람이다.

그래서 얼마 전부터 조금 지쳤다. 대신에 지쳤다. 내 글 속에 내가 없다는 사실이 허했다. 내 이야기가 마려웠다. 내 생각을 날것으로 세상에 던져 보고 싶었다. 나를 들여다본 사람들의 반응은 어떨까 궁금했다.

내 글을 쓰기 시작했다. 내 이름을 걸고 책을 쓰기 시작했다. 《내 머리 사용법》, 《불법사전》 등의 책을 차례로 내놓았다. 반응이 있었다. 카피라이터의 입을 거쳐 나온 에세이는 조금 다른데, 하는 반응이었다. 조금 다른 그것은 독자에게 말을 거는 방법이었을 것이고, 군더더기 없는 간결함이었을 것이다. 그리고 광고쟁이 특유의 역발상이었을 것이다.

책이 좋은 반응을 얻자 여기저기에서 인터뷰를 하자고 했다. 너 누구냐? 하는 인터뷰였다. 나 누구다, 라고 대답했다. 그런데 하나 재미있는 것은 거의 모든 인터뷰에서 같은 질문을 받는다는 것이었다. 도대체 이런 발상은 어떻게 한 거냐? 고정관념을 털어 버리는 방법이 뭐냐?

책을 펼쳐 들고 윽박지르듯 묻는 이 질문에 처음엔 나도 대답을 갖고 있지 않았다. 어떻게? 라고 물었으니, 이렇게! 라고 대답해야 하는데 그게 준비되어 있지 않았던 것이다. 그냥 남다른 생각이 날 때마다 쓴 글인데 숨겨둔 공식을 내놓으라니 답답했다.

같은 공격을 여러 번 당하니 나도 그에 대항할 그럴싸한 무기를 갖고 있어야겠다는 생각이 들었다. 뒤로 돌아, 앞으로 갔다. 내가 쓴 글들을 하나하나 되짚어 보며 기억을 살려냈다. 이 글은 어떻게 썼지? 그래, 이랬었지. 맞아, 저랬었지. 아직 기억 밖으로 다 도망가지 않은 조각들을 조금씩 채집하며 그것들을 정리해 나갔다. 그랬더니 그게 저절로 몇 시간가량의 강연이 되었다.

그것을 들고 서점에서 첫 강연을 했다. 생각보다 반응이 좋았다. 이 강연 우리 학교에서도 한번 합시다, 우리 회사에서도 한번 합시다, 하는 제의가 이어졌다. 강의가 훌륭해서가 아니라 그동안 발상전환이나 창의력의 실전 결과물을 보여 주는 강연이 그만큼 적었기 때문일 것이다. 그래서 팔자에 없는 특강 강사노릇을 시작했고 지금도 내가 마이크를 든 낯선 모습을 자주 보고 있다.

▼

　책을 내야겠다는 생각을 했다. 내 강연을 100명 200명이 아니라 더 많은 사람들이 접했으면 좋겠다는 생각을 했다(꼴랑 150권 팔리고 말지도 모르지만). 물론 이 책이 창의력이나 발상전환의 교과서는 아니다. 경험서라 해야 옳을 것이다. 어떤 책에도 나오지 않는, 순전히 내 경험과 내 발상을 묶은 책이다. 그러니 당신이 놓인 환경이나 당신의 뇌구조에 따라 공감에 차이가 있을 것이다.

　요거 한두 가지를 해 보겠다는 사람, 조거 한두 가지를 해 보겠다는 사람, 이렇게 사람마다 붙잡고 싶은 게 다를 수도 있다. 그들에게 나는, 모두 다 이렇게 해! 라고 강요하지 않는다. 각자가 끌리는 것, 손을 뻗으면 닿을 수 있는 것들을 잘 발췌해서 그것들만 섭취한다 해도 전혀 섭섭해하지 않을 것이다.

　책은 발상전환이라는 큰 주제로 모두 아홉 가지 이야기를 하고 있다. 찾자, 떨자, 참자, 묻자, 놀자, 돌자, 따자, 하자, 그리고 영자까지(마지막 영자가 조금 수상하겠지만 너무 조급하게 굴지 말고 때를 기다릴 것). 찾자는 발상전환의 정의. 떨자와 참자는 발상전환을 위해 해야 할 최소한의 노력. 묻자, 놀자, 돌자, 따자는 발상전환의 요령. 하자는 발상전환의 자세. 마지막 영자는 발상전환의 철학이라 할 수 있다.

　이 아홉 가지 이야기 속에 그동안 내가 발상전환을 통해 만들어 낸 성과와 글쟁이 정철이 살아가는 모습이 고루 실려 있다. 이론만 툭 던지는 게 아니라, 외국 사례만 쫙 펼치는 게 아니라,

눈에 보이는 결과와 생활을 보여 주고자 했다. 당신이 머리를 가지고 노는 데 실질적인 도움이 되도록.

대신(또 대신이라는 단어가 튀어나왔군) 다른 책에 자주 등장하는 지적 과시를 위한 어려운 용어나 손으로 만져지지 않는 추상적이고 관념적인 개념들은 피했다. 이것저것 사례를 채집해서 책의 두께를 만드는 일도 사양했다. 누구나 쉽게 읽고 생활 속에서 이를 실행해 보라는 뜻이기도 하지만, 나 자신이 애초에 그런 것들과는 친하지 않기 때문이다.

내가 만들어 낸 성과라는 것들은 대부분 글이라는 형태를 띠고 있다. 내가 글쟁이이기 때문이다. 나는 글이지만 누군가는 그림으로, 누군가는 노래로, 누군가는 제품설계로, 누군가는 새로운 영업방법으로, 누군가는 인간관계를 맺는 노하우로 내 생각과 경험을 발전시켜 주기를 기대한다.

이 페이지를 넘기면 내가 차린 아홉 가지 음식이 코스요리처럼 하나하나 식탁 위에 놓일 것이다. 그것들을 맛보기 전에 당신이 해야 할 일이 하나 있다. 오른손으로 당신의 이마를 툭툭 두 번, 왼손으로 당신의 뒤통수를 툭툭 두 번 강타하라. 그리고 고개를 좌우로 세차게 열 번 흔들어 그동안 고정관념으로 잘 정리된 당신의 머리를 무질서하게 헝클어 버려라. 머리가 멍해졌는가. 그렇다면 내가 차린 음식을 흡수할 준비가 된 것이다.

자, 이제 숟가락을 들어라.

## Contents

출발 | 머리 위에 아홉 가지 음식을 차리며      6

▶ 정답님, 안녕히 가십시오      16
정답과 오답의 차이 | 느려 터지세요

▶ 비틀기 9단들의 이야기      24
비틀즈의 다섯 번째 멤버는 당신 | 내 생애 최고의 선물 | 봄은 봄이 아니다 | 어떻게 지내십니까 | 머리에 부는 새로운 바람

▶ 아니요! 아니요! 아니요!      40
한국정답협회 정회원에게 | 하느님은 어떻게 생겼을까? | NO! 라는 새로운 생각

---

▶ 당신은 아이큐 200인가      50
생각을 분실하는 법 | 붙잡느냐, 놓아 버리느냐 | 만남의 광장에서 만난 생각

▶ 어린 아이디어 키우는 법      58
나는 아이디어 노트가 없는데 어떡하지요? | 아이디어 노트의 수명은 몇 살일까 | 아인슈타인에서 전유성까지 | 책을 빌려 보겠다고? | 애인이 없다면

▶ 정철이라는 사람이 부지런 떠는 법      68
전화도 문자도 택배도 오지 않는 시간 | 정철의 아이디어 노트 엿보기 | 정철이 일을 시작하는 법

## 참자

### ▶포기하고 싶은 순간에 조금만 더　　　82
참는 게 남는 거다 | 파친코에서 잭팟을 터뜨리려면 | 하이힐에서 근사한 아이디어를 끄집어내는 방법 | 청춘에 구멍 뚫기

### ▶연필을 놓고 눈으로 써라　　　94
발상의 근육 만들기 | 사례1_8자를 관찰하다 | 사례2_쉼표를 관찰하다 | 사례3_스트레스를 관찰하다 | 사례4_알파벳을 관찰하다

### ▶여러 개의 안경을 마련하라　　　104
365개의 새로운 발견 | 관찰의 왕국 | 통찰력을 손에 쥐는 법 | 100개의 눈으로 바라보라 | 가르치지 않고 가르치는 법 | 단어 하나로 하루를 살아라

## 묻자

### ▶호기심 1인분 주세요　　　126
세상에서 가장 멋진 한 글자 | 왜 두통약을 입에 털어 넣을까?

### ▶표표표표표　　　132
호기심은 물음표다 | 호기심은 느낌표다 | 호기심은 말줄임표다 | 호기심은 쉼표다 | 호기심은 이영표다

### ▶물음표공장 공장장들의 이야기　　　144
어느 기업의 입사시험 문제 | 묻자, 묻자, 묻자 | 넌 왜 수염을 기르니? | 나랑 같은 이름을 가진 사람은 얼마나 될까

## 놀자

### ▶상상하다 = 놀다　　　156
데뷔경기가 은퇴경기 되는 법 | 어느 날 내가 머리를 빡빡 밀고 출근한다면? | 머리에 시동 걸기

### ▶놀이의 힘　　　162
곰인형 쓰레기봉투와 피아노 계단 | 젓가락 행진곡과 프리스비 | 나일론의 발명

### ▶말장난 합시다　　　166
머리를 가지고 노는 가장 쉬운 방법 | 조립하라 | 분리하라 | 발췌

하라 | 중의하라 | 교체하라 | 억지하라 | 말장난은 말장난으로 그치지 않는다 | 내 책보다 먼저 살 책

## 돌자

▶ 물구나무에서 새싹이 돋는다 202
발라당! | 생각해 봐서 뒤집는 게 아니라

▶ 나는 그냥 뒤집기만 했습니다 206
경력을 거꾸로 읽어 보세요 | 오늘 할 일을 내일로 미루어라 | 다양한 뒤집기 기술

▶ 뒤집기 한 판의 힘 218
내 머리 사용법 | 애인이 갑자기 증발해 버린다면? | 기대에 어긋나라

## 따자

▶ 화장실 낙서까지 훔쳐라 226
전화번호만 따지 말고 | 무엇을 모방할까

▶ 정철이라는 사람의 훔쳐 오기 시범 230
내 인생의 육하원칙은 무엇일까 | 그녀에게 복수하는 법 | 정철의 담배 끊기 | 청계천 헌책방을 뒤지다 | 옷을 벗은, 옷을 입은 | 성공하는 사람들의 여덟 번째 습관

▶ 남의 집 담을 넘은 사람들 242
피카소도 도둑질을 했다 | 광고쟁이들의 두리번 본능 | 훔치라고 부추긴 사람들 | 타지마할을 들고 올 필요는 없다 | 내가 나를 훔쳐라

## 하자

▶ 축하합니다, 실패하셨습니다 252
할까 말까 | 내공은 언제 쌓일까 | 굶어 죽지 않으려면

▶ 실패는 실을 감아 두는 나무토막일 뿐이다 258
경제학과 출신이 어떻게 카피라이터가 되었소? | 정철이 던지는 질문1_원숭이는 (    )다 | 정철이 던지는 질문2_정상의 동의어는? | 정철이 던지는 질문3_가장 큰 가르침을 얻는 여행은?

▶**헛스윙해도 좋으니 풀스윙하라**     **268**
자유형은 자유형이 아니다 | 저지름 신이 보내 준 보너스 | 10할은 없다 | 중국집 우동 같은 존재 | 나를 이겨다오 | 슬럼프 탈출법 | 당신은 지금 자서전 집필 중

▶**결국은 사람입니다**     **282**
먼저 드리고 싶은 말씀 | 사랑하는 영자 씨에게 | 사람의 성분은 무엇일까요

▶**사람을 재료로 만들 수 있는 것들**     **288**
정철이라는 사람의 생각창고 | 친구가 있으세요? | 햄버거와 피자의 가르침 | 글자로 그림을 그리세요 | 초등학생에게 맨 먼저 가르쳐야 할 것

▶**사람은 사람으로 행복해집니다**     **296**
청바지 이야기 | 편지 상자가 왔어요 | 김제동 부럽지 않은 | 교실 문을 드르륵 열자

**도착** | 아홉 번 고맙습니다     306
**부록** | 내 머리 연습장     309

한줏

찾 ◀ 정답님,
안녕히 가십시오

### 정답과 오답의 차이

　질문 하나 툭 던지는 것으로 시작한다. 행복의 반대말은 무엇인가? 당신은 이 질문에 불과 1초도 생각하지 않고 불행! 이라고 대답하겠지. 그런 후에 내가 이런 유치원 수준의 질문을 던지는 이유를 궁금해하겠지. 뒤늦게 불행이 정답이 아닐지도 모른다는 생각이 들며 살짝 내 눈치를 보겠지. 시작부터 이런 변화구를 던지는 나를 보며 9회 말까지 가려면 정신 바짝 차려야겠다고 마음먹겠지.
　긴장할 필요 없다. 정답이다. 행복의 반대말은 불행이다. 누구나 그렇게 대답한다. 그래서 세상은 그것을 정답이라 한다. 그런데 나는 조금 다른 대답을 한다. 내가 쓴 책에는 이런 문장 하나가 나온다.

　행복의 반대말은 불행이 아니라 불만이다.

　우리는 어느 날 갑자기 불행해지는 게 아니다. 7시 25분까지는 행복했고 7시 26분부터 불행해졌다, 라는 말을 나는 들어 본 적이 없다. 불행은 한순간에 찾아오는 것이 아니라, 늘 불만을 늘어놓다 보면 나도 모르게 어느새 불행과 친해져 버리는 것이다. 마치 천천히 늪에 빠지는 것처럼.
　역시 주범은 부정적인 생각이다. 과도한 걱정과 소용없는 후

▼

회가 불행해지는 지름길이다. 그래서 행복의 반대편에 놓인 말은 불행이 아니라 불만일 수도 있다는 것이다.

그럼에도 불구하고 여전히 정답은 당신이 대답한 불행이다. 내가 찾은 대답 불만은 여전히 정답이 아니다. 정답이 아니면 모두 오답으로 채점하는 꼿꼿한 선생님들이 장악한 이 세상에서 불만은 어김없이 오답이다. 나도 뭐 불행과 불만, 두 가지 모두 정답으로 인정해 달라고 구걸할 생각은 없다. 내가 찾은 답은 오답으로 인정하겠다.

그런데 나는 이 오답을 오답(誤答), 즉 틀린 답이라고 표기하는 데는 반대한다. 오! 하고 고개를 끄덕이게 하는 답, 오! 하고 얼굴에 미소를 띠게 하는 답, 오! 하는 감탄사를 이끌어 내는 답이라고 생각한다('오 마이 갓!'은 이런 오답을 만났을 때 머리끝이 쭈뼛 서면서 머리에 쓴 갓이 튕겨져 나갈까 봐 이를 꽉 붙잡을 때 내지르는 소리다).

그래서 나는 이렇게 정의한다. 발상전환이란 정답이 아니라 새로운 답 즉 오답을 찾는 것이다, 라고. 동서남북 남녀노소 우수마발의 한결같은 답이 아니라 나만의 답을 찾는 것이라고.

누구도 당신에게 내 취향을 따라오라고 강요할 수 없다. 누구도 당신에게 정답은 하나뿐이니 딴 생각하지 말아 주세요, 라고 명령할 수 없다. 그건 내 애인을 함께 사랑하자는 것과 같은 얘기니까.

### 느려 터지세요

오답예찬을 했으니 이제 오답 찾는 방법을 책임져야겠지. 자, 오답을 찾으려면 어떻게 해야 할까. 속도를 줄여야 한다. 옆에서 보기에 답답할 정도로 느려 터져야 한다. 즉 정답은 이거다, 라고 너무 서둘러 결론을 내리지 않아야 한다.

당신이 무인도에서 혼자 살지 않는다면 누구나 떠오르는 정답이 당신의 머릿속에도 맨 먼저 떠오르게 되어 있다. 그때 앗싸, 찾았다! 하며 그것을 입 밖으로 내보내지 않아야 한다. 퀴즈 프로에 나와 벨 누르기 경쟁하듯 하지 말라는 얘기다.

정답 너는 조금만 옆으로 비켜 서 있어!
난 지금부터 오답을 찾을 거거든!

이렇게 혼잣말을 하며 애써 정답을 머리 밖으로 내쫓아야 한다. 나가지 않고 버티면 머리를 쓰다듬으며 잘 타일러서 내보내야 하고, 그래도 완강하게 버티면 머리를 꼬집어서라도 내쫓아야 한다.

그리고 머리에게 시간을 줘야 한다. 오답을 찾을 충분한 시간을 줘야 한다. 서둘러 결론을 내려 버리는 그 순간 야속한 엘리베이터 문처럼 당신의 머리는 스르륵 닫혀 버리고, 오! 하는 오답을 만날 기회는 영영 오지 않는다. 섣부른 결론, 이놈이 문제

▼

다. 그냥 문제가 아니라 적이다. 발상전환을 방해하는 가장 괘씸하고 무서운 적이다.

그동안 내가 쓴 책 한 권 한 권이 밥상이라면 그 밥상에 놓인 반찬들은 대부분 정답이 아니라 오답이다. 당신은 이미 그 밥상 앞에 한두 차례 앉아 반찬 맛을 봤을지도 모른다. 그러나 내가 주방에서 칼과 국자와 양념 통을 들고 그 반찬을 만드는 과정을 보지는 못했을 것이다.

지금부터 그 요리 과정을 보여 주려 한다. 정철이라는 사람만의 레서피를 책값 1만4,800원을 투자한 당신에게만, 내게 술값과 담뱃값을 보태 준 당신에게만 살짝 공개하려 한다. 식당을 찾은 뜨내기손님의 입장이 아니라 도마 앞에 선 요리사의 시선으로 내 글들을 다시 읽어 보라. 예전엔 느끼지 못했던 칼질과 불질이 눈에 보일 것이다.

찾

오답을 더 만나 보자. 도둑은 어떤 놈일까? 사전에는 도둑이라는 단어가 이렇게 정의되어 있다. 남의 물건을 빼앗거나 훔치는 짓 또는 그런 짓을 하는 사람.

정답이다. 누구나 도둑 하면 한밤중에 복면 쓰고 담을 넘는 놈과 그것을 보고도 짖지 않는 한심한 강아지를 떠올린다. 그리고 다음 날 제 발이 저려 다시 그곳을 찾아왔다가 빨간 등이 빙글빙글 도는 차에 실려 가는 놈을 떠올린다. 그러나 나는 누구나 아니다. 누구나가 아니니까 나만의 정의를 만들어 내고 싶었다.

**도둑**
내가 꽉 움켜쥔 물건 몇 개 놓아 버려도
세상 살아가는 데 크게 지장이 없음을 깨우쳐 주는
한밤중의 가정교사.

 도둑을 꼭 경찰이나 형사 아저씨의 눈으로만 바라봐야 할까, 도둑에게 배울 만한 인생의 한 수는 없을까, 하는 생각으로 머리에게 충분한 시간을 주었더니 이런 부처님 수제자 같은 새로운 정의를 만날 수 있었다. 복면 쓰고 담 넘는 놈, 너는 잠시 옆으로 비켜 서 있어! 라고 했더니 오답이 손에 만져진 것이다.
 책상 서랍을 열어 보라. 오랫동안 사용하지 않았고 앞으로도 사용할 것 같지 않은 물건들이 서로 뒤엉켜 있을 것이다. 상해 출장 갔을 때 쓰고 남은 중국 동전 몇 개, 언제 가슴에 달았는지 기억도 나지 않는 플라스틱 이름표, 세금 되돌려 받는 데 쓰기엔 이미 시간을 놓쳐 버린 카드 영수증, 이빨이 너덜너덜해져 손톱에 갖다대기도 민망한 손톱깎이….
 어디 서랍뿐이겠는가. 주머니도 뒤져보고 다락방도 열어 보라. 그곳엔 이미 내겐 소용없지만 누군가에겐 틀림없이 소용이 될 만한 물건들이 먼지를 뒤집어쓰고 있을 것이다. 하나하나 꺼낸다. 먼지를 턴다. 깨끗이 닦는다. 내 물건들을 나보다 더 멋지

▼

게 사용해 줄 고마운 사람들을 찾는다. 그들에게, 한밤중의 가정교사에게 배웠어요, 하면서 수줍게 물건을 건넨다. 어떨까. 나 자신이 조금은 멋있어 보이지 않을까. 세상에는 수많은 기쁨이 있다. 그 중에는 손해 보는 기쁨이라는 것도 있다.

정신이 이상해진 여자를 욕으로 이르는 말.
말이나 하는 짓이 실없는 여자를 욕으로 이르는 말.

사전에 이렇게 뜻풀이가 된 말이 있다. 미친년이다. 누구나(책을 읽는 동안 심심치 않게 누구나라는 말이 나올 텐데, 이 누구나는 정철이라는 사람 빼고 누구나라고 생각하면 된다) 미친년 하면 머리에 꽃 꽂고 길거리를 활보하는 여인네를 떠올린다. 정답이다. 이 미친년에서도 오답을 찾을 수 있을까. 물론 있다. 정답은 머리에 꽃 꽂은 여인이라고 너무 서둘러 결론 내리지 않는다면 찾을 수 있다.

**미친년**
안식년의 반대말.
안식년이 주어지기 전 일에 몰두하는 몇 해를 뜻함.

그렇지. 미치도록 일을 한 사람에게 포상처럼 주어지는 것이 안식년이니까. 일에 미쳐보지 않은 사람, 즉 미친년을 보내지 않은 사람에게 안식년을 주는 것은 놀고 있는 사람에게 이제 그만 놀고 푹 쉬라고 하는 것과 같으니까.

나는 미친년이라는 단어에 미친놈처럼 몰입했다. 그래서 머리에 꽃 꽂은 미친년이 아니라 인생에 꽃을 꽂아 줄 아름다운 미친년을 찾아냈다. '미치다'라는 단어도 다르게 해석해냈다. 정신이 머리 밖으로 나가다. 정신이 나간 그 빈자리에 과학으로 설명할 수 없는 힘이 들어오다. 즉 제 정신으로는 생각할 수 없는 일을 해내고 마는 초인간적인 상태, 라고.

당신도 미쳐라. 이 책을 읽는 동안만이라도 미쳐라. 매일 밤 잠들기 직전 자신에게 물어라. 오늘 하루는 뭐에 미쳤었니? 그리고 아침에 눈뜨자마자 다시 물어라. 오늘 하루는 뭐에 미칠 거니?

**찾** 비틀기 9단들의 이야기

### 비틀즈의 다섯 번째 멤버는 당신

이쯤에서 한 가지 궁금한 게 있을 것이다. 서둘러 결론만 내리지 않으면 누구나 '불행'이 아니라 '불만'을 찾을 수 있는 걸까. 누구나 미친년에서 안식년의 반대말을 발견할 수 있는 걸까. 오답을 찾아야지, 하고 마음만 먹으면 오답이 저 여기 있습니다, 하고 경칩에 개구리 뛰듯 툭 튀어나오는 걸까.

그건 아니다. 평소에 뭔가 남이 하지 않는 짓을 해야 한다. 뭔가 이상하고 수상하고 발칙한 짓을 남의 눈치 보지 않고 씩씩하게 해야 한다. 그것이 바로 생각 비틀기 연습이다. 늘 해오던 익숙한 생각에서 벗어나려고 발버둥 치는 연습, 익숙한 생각을 낯선 생각으로 교체하는 연습, 그것을 해야 한다. 언제까지? 연습이 습관이 될 때까지.

연습방법? 물론 알려 줘야지. 그건 생활을 먼저 비트는 것이다. 생활을 비틀어야 생각도 비틀어진다는 얘기다. 생활과 생각은 일란성 쌍둥이다. 생활이 30분쯤 형님인 쌍둥이다(허공 동생은 허각, 생활 동생은 생각). 형님을 먼저 비틀면 동생도 형제애를 발휘하며 못이기는 척 따라오게 되어 있다.

늘 어제가 오늘 같고, 오늘이 내일 같은 생활을 하는 당신의 몸은 막대기처럼 경직되어 있다. 아닌 척 하지 마라. 다 보인다. 생활을 비튼다는 것은 경직된 몸에 자극을 주어 몸을 유연하게 만드는 것이다. 딱딱한 막대기를 부드러운 스펀지로 바꾸는 것이다.

몸이 유연해지면 딱딱하게 굳어 있던 머리도 따라서 말랑말랑해진다. 생각 비틀기가 가능한 상태가 된다. 그때부터 당신은 그 머리를 사용하면 된다. 당신이 머리의 주인이니 엄마, 아빠 허락 같은 것 받지 않아도 된다. 당신 마음대로 사용하면 된다. 아침부터 저녁까지 맨날 똑같은 일상, 우선 그것부터 비틀어 보라(당신의 일기 첫 문장은 '오늘은'으로 시작하는가, '오늘도'로 시작하는가).

당신은 매일 똑같은 시간에 일어나, 똑같은 식탁 똑같은 의자에 앉아 똑같은 반찬에 아침을 먹고, 똑같은 길로 출근하여 똑같은 자판기가 건네는 똑같은 커피를 마신다. 똑같은 슬리퍼를 신고 똑같은 사람들과 똑같은 회의실에서 똑같은 인상을 쓰며 어제 했던 이야기를 다시 한다. 점심 땐 늘 똑같은 구내식당에서 줄을 서며, 아주머니 고기반찬 좀 더 주세요, 라고 어제 했던 말을 다시 한다. 오후엔 똑같은 거래처, 똑같은 김 부장에게 전화를 걸어, 저희 쪽 사정도 이해해 주세요, 로 시작되는 똑같은 엄살을 떨어야 한다. 퇴근 후에도 늘 똑같은 술집 문을 열고 들어가, 매일 똑같이 소주 3, 맥주 7의 비율로 소맥을 만든다. 2차 노래방에선 늘 부르던 그 노래를, 이젠 번호까지 외워 버린 그 노래를 또 누른다. 그리고 헤어질 땐 늘 했던 그 이별인사, 내일 지각하기 없기! 라는 지키지 못할 한마디를 주고받는 것으로 하루를 마감한다.

 이런 정답 같은 생활부터 확 비틀어 보라는 것이다. 조금이라도 낯선 쪽으로 나를 데려가라는 것이다. 가끔은 시간이 조금 더 걸리더라도 은행나무가 빽빽이 들어선 길을 따라 출근해 보라는 것이다. 가끔은 회의실을 벗어나 공원 벤치에 둘러앉아 칠판 없이 회의를 해 보라는 것이다. 가끔은 미친 척 소주 7, 맥주 3에 도전해 보고, 가사 따라가기 바빠 내가 지금 무슨 말을 하고 있는지 나도 모르는 랩에도 도전해 보라는 것이다.

 옷 사 입는 가게도 바꿔 보고, 자주 보는 TV 채널도 비틀어 보고, 영화관 대신 만화방에서도 울어 보고, 앞집에 누가 사는지 괜히 한번 문도 두드려 보고, 안경 없이 눈을 가늘게 뜨고 버스도 타 보고, 그래서 323번을 타야 하는데 232번도 타 보고, 와인잔에 소주도 마셔 보고, 젓가락 없이 밥도 먹어 보고, 크리스마스이브 때 절에도 가 보고, 비오는 수요일에 노란 장미도 사 보고, 여행하는 목적과 장소와 방법과 경비와 동행도 비틀어 보고, 가방 속에 넣고 다니는 물건도 싹 교체해 보고, 지갑 속 돈 넣는 곳, 신분증 넣는 곳, 카드 넣는 곳, 부적 넣는 곳의 위치도 헝클어 보고, 전화 끊기 직전의 마지막 인사말도 바꿔 보고, 늘 머리끄덩이를 잡고 싸웠다면 가끔은 바짓가랑이도 잡아 보고.

 선물이라고 다를까. 생일 선물은 생크림케이크, 집들이 선물은 화장지, 개업 선물은 화분, 외국에 출장 나갔다 오는 당신 손에 들린 건 양주 한 병. 우리는 이것이 마치 선물의 법칙이라도

찾

낯설게 **책읽기** 낯설게 **술마시기** 낯설게 **인사하기** 전
**화하기** 낯설게 **싸우기** 낯설게 **음악듣기** 낯설
게 낯설게 **공부하기** 낯설게 **출근하기** 낯
설게 **호주머니채우기** 낯설게 **인터**
설게 **TV보기** 낯설게 **돈쓰기** 낯설게 **자식키우**
**넷하기** 낯설게 **점심먹기** 낯설게 **운동하기** 낯설
기 낯설게 **샤워하기** 낯설게 **휴일보내기** 낯설게 **메**
게 **말하기** 낯설게 **사랑하기** 낯설게 **장식하**
**모하기** 낯설게 **옷입기** 낯설게 **사람만나기** 낯설
기 낯설게 **기획서쓰기** 낯설게 **회의하기** 낯설게 **선물하기**
**글쓰기** 낯설게 **여행하기** 낯설게 **선물하기**

되는 양 이런 선물을 주고받는다.

생일파티에 두세 개의 케이크가 한꺼번에 등장하는 장면. 하나에만 불이 붙고 나머지는 뚜껑도 열리지 못한 채 한쪽 구석에 처박혀, 해피버스데이투유! 를 들으며 내가 그 자리에 왜 왔는지 궁금해하는 그 애처로운 장면.

이런 정답 같은 선물을 받은 사람은 일주일만 지나도 선물한 사람이 누구였는지 기억하지 못한다. 물론 익명의 독지가가 되고 싶다면 계속 그렇게 해야겠지.

## 내 생애 최고의 선물

내 이야기를 하나 해 주지. 광고쟁이들은 대개 바쁘다는 핑계로 집안일에 소홀하다. 집사람 생일도 잘 챙기지 못한다. 나도 그랬다. 그런데 결혼하고 5년쯤 되었을까. 갑자기 철이 들었는지 이번 생일엔 선물 제대로 해야지, 하는 생각을 했다(어쩌면 위기감). 평범은 싫었다. 집사람을 깜짝 놀라게 할 감동적인 선물을 하고 싶었다. 생각을 비틀었다. 오답이 떠올랐다.

서른세 번째 생일에 서른세 개의 선물! 내가 생각해도 근사했다. 그날부터 선물을 사 모으기 시작했다. 쉬운 일이 아니었다. 선물 한두 개 고르는 것도 쉽지 않은데 서른세 개라니. 그것도 값 싼 선물이어야 한다는 간섭까지 있으니. 어쨌든 어렵게 선물

▼

을 다 샀다. 연필도 있었고, 책도 있었고, 노래음반도 있었고, 머리핀도 있었다. 소주도 한 병, 담배도 한 갑. 집사람은 담배를 피우지 않았지만 그것도 샀다. 싸니까.

생일날 오후, 선물을 차 트렁크에 가득 싣고 집으로 갔다. 주접을 좀 떨었다. 거실에 선물 서른세 개를 하트 모양으로 늘어놨다. 풍선 서른세 개를 불어 그 안에 수북이 쌓았다. 빈종이 한 장을 꺼내 선물 서른세 개의 의미를 짤막짤막하게 적었다. 생일카드 같은 거였다(직업이 카피라이터였으니 이런 건 제법 했겠지). 다 생각나지는 않지만 담배의 의미는 이렇게 썼을 것이다. 한밤중에 내가 담배 떨어졌다고 하면 빌려 주세요.

참, 내가 산 선물은 정확하게 말하면 서른두 개였다. 서른두 개로 하트를 만들고 서른세 번째 선물은 접니다, 하는 표정으로 내가 그 한가운데 앉아 있었으니까(상상하지 마라. 쑥스럽다). 집사람이 어떤 표정을 지을까, 어떤 감탄사를 던질까 궁금했다. 그래서 덜컹 하고 현관문 열리는 소리만 기다렸다.

하지만 나는 그날 집사람의 표정을 보지 못했다. 덜컹 하는 현관문 소리보다 먼저 내 휴대전화 벨소리가 울렸기 때문. 친한 친구 아버지가 갑자기 돌아가셨다는 비보. 나는 그 길로 영안실을 찾았고 그날 밤 외박을 해야 했다.

하지만 서른세 번째 선물이 그 자리에 없었다 해서, 내가 그 감동의 순간을 눈으로 직접 확인하지 못했다 해서 집사람의 감동이 줄어든 것은 아니었다. 전화를 타고 들려오는 그녀의 목소리는 감격 그 이상이었다. 놀랍게도 선물의 효과는 10년 가까이 갔다. 그날 이후 나는 늘 빈손이었고 집사람은 이를 늘 눈감아 줬다.

한 가지 재미있는 사실은 그날 내가 준 것보다 받은 게 더 많았다는 것이다. 집사람을 행복하게 해 주려고 꾸민 일이었는데, 그녀가 좋아할 표정을 떠올리며 선물을 하나하나 사 모으는 내가 더 행복해지고 말았다는.

이야기가 조금 길어졌지만 요점은 역시 비틀기다. 인류 역사상 아직 누구도 해 본 적 없는 선물, 그것을 당신이 할 수도 있다. 그래서 기네스북에 당신의 이름이 오를 수도 있다. 그런데 왜 허구한 날 생크림케이크이고 화장지이고 화분일까. 비틀어 보려는 마음을 먹지 않았기 때문이다. 그러니까 못한 게 아니라 안 한 것이다. 당장 다음 주에 누구의 생일이 있는지 다이어리를 들춰 보라. 그리고 딱 10분만 시간을 내 당신만이 할 수 있는 선물을 생각해 보라. 당신 자신도 깜짝 놀랄 선물을 틀림없이 생각해낼 테니까.

당신의 혀끝, 손끝, 발끝에 딱 달라붙어 도통 움직이려 하지 않는 생활습관을 한꺼번에 다 비틀 수는 없다. 선물이든 회의든 지갑이든 가장 만만한 것 한두 가지를 골라 저질러 보라. 그래서 어, 비트니까 비틀어지네! 하는 느낌이 들면 그 자신감을 꽉

▼

붙들어라. 그때부터는 비틀기에 리듬이 생긴다. 그 리듬에 그냥 몸을 맡기면 된다. 하나 둘 비틀기를 늘려가도 몸에 부담이나 저항이 생기지 않는다. 딱딱했던 몸이 그만큼 유연해진 것이다. 그러면 머지않아, 생활을 비트니 생각도 비틀어지네! 하는 말을 저절로 하게 된다. 당신의 입으로. 비틀즈의 표정으로.

비틀즈는 노래로 세상을 비틀었다. 이제 비틀즈의 다섯 번째 멤버가 될 당신이 어떤 무기로, 어떤 상상력으로 세상을 비틀지 기대가 된다.

## 찾 　봄은 봄이 아니다

질문 하나 더. 봄 하면 머리에 떠오르는 단어를 다섯 개만 말해 보라. 당신이 스무 살이라면 개나리, 진달래, 아지랑이, 개구리, 황사라고 대답할 것이다. 당신이 열 살이라면 새 학년, 새 학기, 새 책, 새 공책, 새 짝이라고 대답할 것이다. 조금 남다른 머리를 가졌다고 자부하는 사람이라면 여름, 가을, 겨울부터 생각할 것이다. 모두 다 정답이다(이젠 정답이라는 말을 듣기 싫겠지만 어쩌겠나, 정답인데). 그런데 두꺼운 뿔테 안경을 쓴 한 사람은 이렇게 대답했다.

거울, 책, 천문대, 자동차극장, 맞선.

당신은 먼저 고개를 갸우뚱할 것이다. 그리고 돋보기를 든 탐정의 표정으로 봄과 뿔테 안경의 대답을 하나하나 연결시켜 볼 것이다. 봄과 거울이 무슨 관련 있지? 거울아 거울아, 세상에서 누가 제일 예쁘니, 라고 물었을 때 봄이라고 대답했었나? 책? 독서의 계절이 봄으로 바뀌었을 리는 없는데. 천문대는 또 뭐지? 밤하늘의 별이 봄에 더 요란하게 빛난다는 뜻? 자동차극장이 봄맞이 특별세일 같은 거라도 하나? 맞선? 그래, 그건 봄바람 살살 불 때가 좋기는 하지.

결국 당신은 돋보기도 탐정의 표정도 다 내려놓고 이렇게 말한다. 두꺼운 뿔테 안경을 쓴 그 친구, 질문을 잘못 들은 거 아냐?

문제는 역시 속도다. 당신이 거울, 책, 천문대, 자동차극장, 맞선이라는 대답을 하지 않은 이유는 느려 터지지 않았기 때문이다. 결론이 너무 빨랐기 때문이다. 내가 봄이라는 단어를 던지는 순간 봄은 사계절 중의 하나야, spring이야, 라고 서둘러 결론을 내려 버렸기 때문이다.

두꺼운 뿔테 안경을 쓴 그 사람은 그렇게 하지 않았다. 봄에서 오답을 찾겠다는 생각부터 했다. 봄이 계절 중의 하나가 아닐 수도 있다는 생각부터 했다. 생각을 비튼 것이다(어쩌면 얼마 전까지 이 사람이 쓴 안경은 얇은 철테 안경이었는지도 모른다. 생활을 비틀어 보려고 뿔테로 바꿨는지도 모른다. 그래서 생각 비틀기가 가능해졌는지도 모른다). 그래서 당신이 찾지 못한 오! 하는 답을 발

▼

견해낸 것이다.

봄
'보다'의 명사형.

당신의 입에서 오! 소리가 났다면, 두꺼운 뿔테 안경을 쓴 그 사람을 빨리 찾아 생각 선생님으로 모셔라.

**어떻게 지내십니까**

어떻게 지내십니까? 당신도 나도 자주 하는 질문이다. 이 질문을 받으면 우리는 하나같은 대답을 한다. 잘. 그럭저럭. 맨날 똑같지 뭐. 질문한 사람도 더 이상 캐묻지 않는다. 우리는 이렇게 성의 없는 질문과 성의 없는 대답을 주고받으며 그것으로 대화를 마감하고 스쳐 지나간다.

왜 그럴까? 다르게 대답하면 안 되는 걸까? 다르게 대답하고 대화가 더 이어지면 바쁜 당신의 시간을 빼앗으니까 혼나야 하는 걸까? 영어학원 가는 데도 지장을 주고, 주식투자 하는 데도 지장을 주니 큰일 나는 걸까?

움베르토 에코라는 작가가 있다. 그는 〈어떻게 지내십니까, 라는 질문에 대답하는 방법〉이라는 글에서 무려 160여 가지의 대답을 내놓았다. 이 작가가 세상에서 가장 한가한 사람이었을까? 이처럼 빤한 질문에 어떻게 그 많은 대답을 내놓을 수 있었을까?

역시 생각을 비틀었기 때문이다. 모두가 대답하는 정답이 아니라, 나만의 대답을 찾으려 했기 때문이다. 에코는 대답하는 사람이 누구인가에 따라 대답이 얼마든지 달라질 수 있음을 보여 준다. 그가 찾은 오답 몇 개를 구경해 보자.

"잘 돌아갑니다." (갈릴레이)
"계절에 따라 다르지요." (비발디)
"터져 버릴 것 같아요." (노벨)
"피 봤습니다." (드라큘라)
"아, 너무 뜨거워요!" (잔 다르크)
"맞춰 보세요." (애거서 크리스티)
"유배된 느낌입니다." (나폴레옹)
"다시 살아났습니다." (예수)
"언제 말입니까?" (노스트라다무스)
"상대적으로 잘 지냅니다." (아인슈타인)

머리를 비트는 것이 꼭 발상전환이나 창의력 같은 거창한 목표를 향하지 않아도 좋다. 대답 하나만 살짝 비틀어도 하루 종일 심각했던 친구 얼굴을 활짝 펴 줄 수 있다. 재미있는 대답엔

"어떻게 지내십니까?"

"잘 돌아갑니다."

반응이 있다. 웃거나, 어이없어 하거나, 어깨를 탁 치거나. 그 반응이 또 다른 반응을 낳는다. 그냥 스쳐 지나가던 사람들이 서로 눈을 마주 보며 내가 너를, 네가 나를 조금이라도 더 알 수 있는 시간이 그만큼 길어진다.

하루에 질문 하나만 비틀어 보라. 하루에 대답 하나만 비틀어 보라. 모든 하루의 합이 인생이다. 하루가 조금 더 재미있어지면 결국 인생이 재미있어진다. 그래서 더욱 정답이 아니라 오답을 찾으라는 것이다.

재미있는 인생이 싫다는 사람은 이쯤에서 책을 덮어라. 이제부터 내 이야기가 더 재미있어질 텐데, 내겐 재미있는 것을 재미없게 표현하는 능력이 없다.

자, 그럼 다시 묻는다. 당신은 요즘 어떻게 지내시는가?

### 머리에 부는 새로운 바람

주먹 쥐고 일어서.
발길질하는 새.
머리에 부는 바람.

어디서 들어 본 적 있겠지. 모두가 영화 〈늑대와 춤을〉에 등장하는 인디언들의 이름이다. 〈늑대와 춤을〉이라는 영화제목 역시 주인공의 이름이다. 한번 들으면 머릿속에 그림이 뚜렷이 그려지는 멋진 이름들. 그런데 왜 우리는 이런 멋진 생각을 하지 못하고 철이나 선영이가 되었을까. 만약 내 이름이 머리에 부는 바람이었다면 조금 더 신선한 글을 쓰지 않았을까.

내 딸 이름은 담이다. 정 담. 나는 아이 이름을 지으며 담이 무슨 뜻인지 결정하지 않았다. 담벼락의 담인지, 아담하다 소담하다에 붙는 담인지, 아니면 어깨가 결리고 아픈 담인지, 이야기 담인지, 쓸개 담인지는 미리 결론짓지 않았다. 아이가 크면 가장 마음에 드는 의미를 스스로 고르라는 뜻이었다(지금 생각하니 담에 고르라는 뜻으로 담이라 붙였는지도 모르겠다).

그래서 담이라는 이름엔 한자가 없다. 요즘엔 담이처럼 한자 없는 우리말 이름을 많이 볼 수 있다. 반가운 일이다. 이름은 석 자, 그 석 자는 한문. 이것이 우리의 소중한 문화이자 전통이라고 우기는 사람이 있겠지. 이를 어기는 건 배신이고, 배신의 결과는 반드시 그 이름의 주인이 치르게 된다고 엄포를 놓는 사람이 있겠지. 하지만 이 역시 고정관념이다. 담이는 이미 대학생이 되었다. 하지만 세 글자도 아니고, 한자도 없는 담이라는 이름 때문에 어려움을 겪는 것을 나는 보지 못했다.

당신의 이름은 무엇인가. 조인숙? 김정호? 어김없이 한자 이름 석 자. 물론 이제 와서 법원에 개명신청 하라는 얘기는 아니다(개명신청하고 대기 중인 이름들을 들어 봤는가? 고녀, 오늘도, 고

구마, 김개, 곽엑스. 개명 신청 하려면 이 정도 이름은 돼야 한다). 새롭게 붙여야 할 이름들이라도 신선하게 지어 보라는 얘기다. 머리에 시원한 바람을 넣고.

중국집 이름을 짓는다면, 중국집(이건 내가 숨겨둔 비장의 이름인데 나중에 독자들이 너 글 그만 써! 라고 하면 그때 꼭 써먹어야지). 보성에서 잘 키운 색다른 차 이름을 짓는다면, 다르다(다르茶). 인터넷 서비스회사 이름을 짓는다면, 오른손(마우스를 쥐는 손). 광고회사처럼 을의 운명을 타고난 회사의 이름을 짓는다면, 최선을(최선을 다하는 을). 심오한 의미까지는 없어도 애견 숍 이름이 루이비똥개, 개편한 세상, 카카오독 정도 되면 빵 터질 만하지 않은가.

그 외에도 도시 이름, 거리 이름, 마을 이름, 모임이나 단체 이름(제발 무슨 무슨 회, 이런 이름 좀 붙이지 마라. 일식집 메뉴도 아니고), 고양이나 강아지 이름, 당신이 쓴 기획서나 보고서 제목, 그리고 언제 태어날지 모르는 당신 아이의 이름까지. 이름은 원래 이렇게 짓는 거야, 라는 책(만약 출판되었다면 틀림없이 절판되었을)에 나오는 그런 이름 말고, 당신만이 발견할 수 있는 오답으로.

### 한국정답협회 정회원에게

내 이야기를 쭉 들으며 당신은 한편으로 이런 생각도 했겠지. 정답이 무슨 죽을죄를 진 것도 아닌데, 너무 야단치고 무시하고 타박하는 게 아니냐는 생각. 물론 이런 생각 할 수 있다. 당신이 한국정답협회 정회원이거나, 정답을 사랑하는 사람들의 모임 대표라면. 하지만 내가 오답을 너무 치켜세우니까 그에 대한 반발이나 반항으로 튀어나온 생각이라면 내 이야기를 조금 더 들어줘야겠다.

바나나 좋아하는가? 지금 바나나가 마음고생이 많다고 한다. 이대로 가다가는 곧 멸종위기에 처하는 게 아니냐는 걱정도 있다고 한다. 왜 이런 상황까지 왔을까. 원숭이들의 식욕이 갑자기 왕성해진 걸까. 사자나 호랑이 새끼들까지 바나나의 맛을 알아 버린 걸까.

욕심 때문이다. 정답 하나만 인정하겠다는 오만 때문이다. 원래 바나나는 품종이 아주 많았다. 그대로 두고 다양한 품종이 섞여 살게 했으면 아무런 문제가 없었다. 그런데 싼 값에 더 많은 사람들의 입에 바나나를 넣어 주려는 욕심이 최적의 바나나 한 품종만을 대량으로 기르게 했다.

그것이 바로, 바나나 좋아하는가? 라고 내가 물었을 때 당신이 머릿속에 그린 그 노랗고 긴 바나나다. 종의 다양성을 무시하고 정답 하나만 인정하겠다는 생각이 위기를 불러온 것이다.

▼

그래서 질병이 크게 돌면 대안이 없어 한꺼번에 다 죽게 생긴 것이다. 모든 바나나를 정답 하나로 통일시키면 더 많이 먹을 줄 알았는데, 오히려 아무도 먹지 못할 수도 있게 되어 버린 것이다. 어쩌면 우리는, 공룡화석을 보고 공룡의 모습을 상상하듯 바나나의 모습도 상상 속에서만 만나게 될지 모른다. 노랗고 긴 먹거리, 라는 기록만 남아 바나나를 꼬챙이 어묵과 닮은 놈으로 기억하게 될지도.

이래도 정답만이 살 길이라고 주장하시겠는가. 생각의 다양성을 무시하면 우리 인간도 한날한시에 다 죽을지 모른다. 살아도 게으르고 무력한 로봇의 모습으로 살지 모른다.

한국정답협회는 지금 당장 해산해야 한다. 내가 한국오답협회의 지원을 받고 이런 주장을 하는 게 아니다. 오답을 찾는 사람들은 무슨 협회 같은 건 만들 생각조차 하지 않는다. 오답을 칭찬하라. 나만의 답을 찬양하라. 어쩌면 세상에서 가장 위험한 답이 정답일지도 모른다.

### 하느님은 어떻게 생겼을까?

하느님은 어떻게 생겼을까. 옥황상제는 어떻게 생겼을까. 염라대왕은 어떻게 생겼을까. 이 세 사람을 머릿속에 그려 보라. 세 컷의 얼굴이 그려졌는가. 자, 그럼 내 질문에 대답해 보라.

누가 가장 아름다운가?

당신은 헐, 하면서 이렇게 대답하겠지. 이 세 분이 대단한 능력자라는 건 인정하겠는데, 누가 더 아름다운지 묻는 건 완전 오버다. 무슨 아름답기까지. 인자하게 생겼는가, 남자답게 생겼는가, 라고 묻는다면 또 몰라도. 아니면 이런 생각을 했을지도 모르지. 헐, 아름답다는 단어에 내가 모르는 또 다른 뜻이 있다는 건가. 어떤 생각을 했든 당신은 내 질문이 불편했을 것이다. 당신이 머릿속에 그린 그림과 내 질문은 나란히 놓기엔 너무도 거리가 멀었을 테니까.

고정관념이다. 하느님, 옥황상제, 염라대왕은 당연히 남자일 거라는 고정관념이다. 단 한 번도 목욕탕에서 발가벗고 만난 적 없는 이들을 당신은 왜 남자라 믿고 있는가. 이들이 여자일지도 모른다는 생각은 왜 하지 않는가.

하느님은 장동건 닮았을 수도 있지만 김태희 닮았을 수도 있다. 옥황상제는 나풀나풀 하얀 드레스를 입고 있을지도 모른다. 염라대왕은 땅에서 어떤 놈이 죄 짓나 내려다보느라 모가지가 길어져 슬픈 꽃사슴 얼굴을 하고 있을지도 모른다. 아니지. 이들이 남자 아니면 여자, 즉 사람의 형상을 하고 있을 거라는 내 생각도 고정관념일 수 있다.

우리 안에는 수많은 고정관념들이 원칙이나 상식, 또는 당연이라는 이름으로 떡하니 가운데 자리를 차지하고 있다. 누군가

▼

가 꽃을 이야기하면 우리는 향기를 먼저 떠올린다. 그러나 꽃의 90퍼센트는 향기가 없거나 좋지 않은 냄새가 난다고 한다. 누군가가 절을 이야기하면 우리는 깊은 산속을 먼저 떠올린다. 그러나 우리나라 절의 절반이 도심에 있다고 한다.

당신이 머리 위에 이고 있는 고정관념들이 무엇인지 올려다 보라. 색깔에 대한 고정관념, 직업에 대한 고정관념, 성공에 대한 고정관념, 사랑에 대한 고정관념, 부부에 대한 고정관념, 뉴스에 대한 고정관념, 북한에 대한 고정관념….

무겁지 않은가. 그것들 때문에 당신의 키가 지금 그 지경인지도 모른다. 지금 당장 축구선수 헤딩하듯 그놈들을 머리로 쿵 받고, 그놈들이 땅에 떨어지기 전에 NO! 라고 외치며 발로 뻥 차버려라. 고정관념 역시 내가 그렇게 야단치고 무시하고 타박한 정답이다. 글자 수를 두 배로 늘려 정답이 아닌 척 위장하고 있을 뿐.

## NO! 라는 새로운 생각

아니요! 는 부정인가. 아니다. 새로운 생각이다. 새로운 생각의 시작이다. 모두가 여름 휴가를 떠날 때 가을에 홀로 짐을 꾸리는 사람이 던지는 한마디다. 모두가 동해로 휴가를 떠날 때 홀로 서해로 향하는 사람이 던지는 한마디다. 고정관념과 권위

주의와 게으른 습관과 관습을 허물고 그 위에 새로운 세상을 세우겠다는 사람이 던지는 가장 긍정적인 한마디다. 쉽지 않지만 누군가는 꼭 해야 하는 한마디다.

   상식에게 아니요! 라고 말하라. 당연에게 아니요! 라고 말하라. 습관이나 관습에게 아니요! 라고 말하라. 유행에게 아니요! 라고 말하라. 편견에게는 더 큰소리로 아니요! 라고 소리질러라.

   편식은 나쁘다.
   아니요, 그것은 식성일 수도 있지요.

   막차를 놓치면 끝이다.
   아니요, 다른 때보다 조금 오래 기다리면 첫차가 오지요.

   가장 외로운 섬은 무인도다.
   아니요, 가장 외로운 섬은 한 사람만 사는 섬이지요.

   천재는 1%의 영감과 99%의 노력으로 만들어진다.
   아니요, 천재는 1%의 영감과 99%의 칭찬으로 만들어져요.

   우물 안의 개구리가 되어서는 안 된다.
   아니요, 하늘을 얻으려면 하늘 하나만 바라봐야지요.

▼

팔리지 않은 포도는 불쌍하다.
아니요, 그놈이 최고급 와인이 되지요.

가장 많은 음식을 담을 수 있는 그릇은 큰 그릇이다.
아니요, 빈 그릇이지요.

잉꼬는 늘 다정하다.
아니요, 잉꼬는 남들이 보지 않을 때만 싸우지요.
(소문 한번 잘못 나서 참 피곤하게 살지요.)

**찾**

싱싱한 물고기가 오래 산다.
아니요, 싱싱한 놈이 접시 위에 먼저 눕지요.

결혼은 가장 사랑하는 사람과 하는 것이다.
아니요, 결혼은 가장 오래 사랑할 사람과 하는 것이지요.

해가 졌다.
아니요, 별이 떴지요.

밍크의 수명은 10년이다.
아니요, 밍크는 사람을 만날 때까지 살지요.

나가 모이면 우리가 된다.
아니요, 나를 버려야 우리가 되지요.

오답을 찾겠다는 마음, 상식을 비틀겠다는 생각, 두려움 없이 아니요! 라고 외치겠다는 자세에서부터 발상전환은 싹튼다. 그 싹이 자라 내가 앉을 자리를 바꿔 주고, 내가 만날 사람들을 바꿔 주고, 내가 먹고 마시는 것을 바꿔 주고, 내 인생을 지옥에서 천당으로 바꿔 줄 수도 있다.

찾아라. 싹을 찾아 물을 줘라. 조금 비틀비틀 크더라도 야단치지 말고 조금 더디 자라더라도 포기하지 말고 내 아이 키우듯 키워라. 내 인생이 고정관념이라는 놈의 먹이가 되기 싫다면.

**상식**
모두가 고개를 끄덕이는 생각.
하지만 뒤집으면 식상.
상식과 식상은 동전의 앞뒷면.
우리는 늘 상식이라는 핑계를 대며
식상하기 짝이 없는 고정관념을 눈감아 준다.
게으른 관찰과 섣부른 결론.
고정관념은 늘 이 두 개의 먹이를
뜯어먹으며 우리 몸속에 기생하고 있다.

**발상전환을 위한 노력 1**
한 손엔 연필,
또 한 손엔 휴대전화 들고
부지런히 부지런을
떨어라.

## 생각을 분실하는 법

발상전환을 하려면 최소한 두 가지 노력은 해야 한다. 그 첫 번째가 바로 '떨자'다. 부지런을 좀 떨어야 한다는 이야기다. 무슨 대단한 호들갑이 아니라 약간의 부지런이다. 어떤 부지런인지 설명하고자 내 경험을 가져와 본다.

욕실에서 머리를 감고 있었다. 샴푸거품을 잔뜩 머리 위에 얹은 채 빠르게 두 손을 움직여 머리카락에 붙은 때를 떼어내고 있었다. 그런데 순간적으로 재미있는 생각 하나가 떠올랐다.

어? 머리를 감으면 머리카락만 깨끗해지는 게 아니라 손톱도 깨끗해지네!

물건이 될 수 있을 것 같았다. 그래, 이거 잘 기억해 둬야지, 하면서 머릿속 한쪽에 담아 둔다. 머리를 다 감고 샤워기로 쏴쏴 헹구고 물기를 털어내려고 수건을 든다. 수건으로 머리를 탈탈 턴다. 그때 아뿔싸! 머리 감으면서 떠오른 생각, 머릿속 한쪽 구석에 잘 모셔 둔 그 귀한 생각마저 물기와 함께 털려 나가 버린다.

욕실을 나와 거실 소파에 다리 꼬고 앉으면, 머리를 감으며 내가 그런 발칙한 생각을 했다는 것마저 기억 못하게 된다(다리 꼬지 마! 다리 꼬지 마!). 나만 그럴까. 아니다. 아이큐 200이 넘지 않

▼

으면 누구나 이렇게 머릿속에 넣어둔 기억을 쉽게 분실하고 만다. 무엇을 분실했는지조차 기억 못하니 어디에 분실신고를 할 수도 없다.

그래서 새로운 생각이 떠오르는 그 순간에 메모를 하라는 것이다. 무조건 그 순간에 해야 한다. 5분 후에 메모하겠다는 건 하지 않겠다는 생각과 다르지 않다. 샴푸거품 때문에 당장 연필과 종이를 잡기 어려우면 급한 대로 김이 서린 욕실 거울에 손가락으로 손톱! 이라고 메모를 해두라는 것이다.

나는 그렇게 했다. 눈을 덮은 샴푸거품을 왼손으로 쓸어내며 오른손 검지를 거울에 갖다 댔다(내 머리를 과신하다 생각을 분실한 적이 한두 번이 아니었으니까). 욕실을 나서는 순간 내 눈엔 그 손가락 메모가 보였다. 나는 곧바로 내 방에 들어가 아이디어 노트를 펼치고 그 소중한 생각을 옮겨 적었다. 내 머리를 믿었다면 자칫 놓쳐 버렸을지 모를 기억을 그렇게 꽉 붙잡았다.

이것이 바로 약간의 부지런, 즉 메모 습관이다. 발상전환을 위해서는 머리만 사용해서는 안 된다. 손이 조금 부지런히 움직여 머리를 도와 줘야 한다. 욕실에서 죽기 직전에 살아남은 내 생각은 얼마 후 짧은 글로 완성되었다.

**깨끗한 손톱을 갖는 법**
손톱에게 힘든 일 시키지 않고 피아노 치고 기타 치며 빈둥빈둥 놀게 한다. 틀렸습니다. 하루 한 번 네일아트 찾아

생각을 메모지에
임신시켜라.
늦어도 열 달 후엔
출산한다.

자

가 매니큐어 칠해 주며 왕비마마 모시듯 관리한다. 틀렸습니다. 깨끗한 손톱을 갖고 싶으면 손톱에게 일을 시키십시오. 머리를 감으면 손톱은 저절로 깨끗해집니다. 설거지를 하면 손톱은 저절로 깨끗해집니다. 깨끗한 손톱을 갖는 법과 깨끗한 정신을 갖는 법은 같습니다.

### 붙잡느냐, 놓아 버리느냐

새로운 생각이 늘 분수처럼 샘솟는 사람, 그래서 필요할 때마다 하나씩 꺼내 쓰는 전설의 천재가 따로 있는 건 아니다. 새로운 생각은 누구에게나 떠오른다. 그건 누구에게나 주민등록번호가 있고 누구에게나 투표권이 주어지는 것과 마찬가지다.

그렇다면 당신이 부러워하는 아이디어맨과 아이디어맨을 부러워하는 당신 사이에는 어떤 차이가 있을까. 연필과 종이라는 차이가 있다. 새로운 생각이 떠오르는 그 순간에 그것을 내 것으로 꽉 붙잡는 사람, 이 사람은 메모를 해두는 사람이다. 어렵게 떠오른 새로운 생각을 그 자리에서 슬며시 놓아 버리는 사람, 이 사람은 아이큐 200 근처에도 못 가면서 머리에 담아 두려는 사람이다. 아무 근거 없이 자신의 머리를 과신하는 사람이다. 붙잡느냐 놓아 버리느냐, 그 차이는 생각보다 크다. 한 사람의 인생을 좌우할 만큼.

누구나 이런 경험이 있겠지. 친구들과 수다를 떨다 배꼽 잡는 이야기를 듣는다. 최근 들은 이야기 중에 가장 재미있다. 혼자 웃고 끝내기 너무 아까워 다른 친구들 만날 때 꼭 써먹어야지, 하고 그 이야기를 머릿속에 넣어 둔다. 다음 주. 친구들과 생맥주 잔을 수십 번 부딪쳐도 그 이야기는 머리 밖으로 나오지 않는다. 괜히 탁자 위에 아이큐 200이 안 되는 자기 머리만 쾅쾅 부딪치다 결국 술값만 계산하고 나온다.

메모 한 줄만 해 두었어도 친구들의 배꼽을 괴롭혔겠지. 이야기를 처음부터 끝까지 다 적을 필요도 없지. 단어 한두 개만 적어두면 쉽게 연상해 낼 수 있지. 그런데 그게 단순히 재미있는 이야기가 아니라 내 인생을 바꿔 줄 한 줄이라고 생각해 보라. 약간의 부지런을 떨지 않은 자신이 미워 몇날 며칠 잠을 못 잘 것이다.

요즘은 옛날처럼 낑낑거리며 수첩과 연필을 들고 다닐 필요도 없다. 휴대전화에 메모기능이 있으니 그곳에 한두 마디 저장해 두면 된다. 버스를 타고 가다 교통방송에서 재미있는 이야기가 나오면 휴대전화만 쓱 꺼내면 된다. 차창 밖에 그냥 스쳐 지나가기 아까운 기발한 간판이 보이면 찰칵 사진만 찍어두면 된다. 메모 한 줄 사진 한 장이 몇 달 뒤에, 아니면 몇 년 뒤에 어떤 아이디어로 발전되고 완성될지는 아무도 모른다. 그래서 무조건 붙잡아 두라는 것이다. 무작정 부지런을 떨어야 한다는 것이다.

### 만남의 광장에서 만난 생각

나는 가끔 중부고속도로 만남의 광장을 이용한다. 그곳에서 친구들을 만나 차 한 대로 서울을 벗어난다. 어느 날 내가 그곳에 가장 먼저 도착했다. 주차를 하고 차 밖으로 나와 친구들을 기다리고 있었다. 심심해서 그곳에 있는 사람들을 한 사람 한 사람 관찰했다.

핫도그 두 개를 손에 들고 누구를 찾는지 여기저기 두리번거리는 사람, 어릴 적 학교 운동장에서 배운 국민체조를 어설프게 흉내 내며 장시간 운전을 준비하는 사람, 스마트폰으로 어제 보지 못한 드라마를 보며 주인공이 불쌍해 죽겠다는 표정을 짓는 사람, 여자 화장실 앞에서 그녀의 핸드백을 들고 연신 손목시계를 바라보는 사람, 사람이 뜸한 한쪽 구석에 걸터앉아 멍하니 먼 산만 쳐다보는 사람…. 사람들은 하나같이 잠시 후에 있을 누군가와의 만남을 기다리고 있었다. 기대에 찬 얼굴 또는 조급한 얼굴 또는 잔뜩 찌푸린 얼굴로. 그때 내 머리를 탁 치고 가는 재미있는 생각 하나.

어? 여기는 만남의 광장인데, 틀림없는 만남의 광장인데, 만나는 사람은 많지 않고 기다리는 사람만 잔뜩 있잖아!

나는 이 따끈따끈한 생각이 식기 전에 휴대전화 속으로 집어 넣었다. 만약 메모하지 않았다면 어떻게 되었을까. 친구들을 만나 악수하며 손을 흔드는 순간 이 위대한 발견도 머리 밖으로 조용히 나가 버렸을 것이다.

### 만남의 광장

만남의 광장엔 만나는 사람만 있는 게 아니다.
만나는 사람보다 기다리는 사람이 더 많다.
두 사람이 똑같은 시간에 도착할 수는 없으니까.
'기다리다'를 견디지 못하면 '만나다'도 없다.
만남의 광장의 다른 이름은 기다림의 광장이다.

만남의 광장에서 건진 생각은 일주일 후쯤 이렇게 짧은 글로 완성되어 나중에 책에 실렸다. 기다림을 견디지 못하면 만남도 없다는 메시지. 인생을 대하는 자세를 나는 만남의 광장에서 만났고 그것을 놓아 버리지 않았다.

떡 어린 아이디어 키우는 법

## 나는 아이디어 노트가 없는데 어떡하지요?

내 이야기를 믿고 부지런을 떤 사람은 며칠만 지나도 휴대전화가 꽤 무거워졌음을 느낄 것이다. 상당량의 메모를 쑤셔 넣어 휴대전화가 간만에 과식을 했을 테니까. 이제 어떻게 해야 할까. 휴대전화의 무게를 덜어 줘야 한다. 책상 앞에 앉아 휴대전화를 꺼내고 또 아이디어 노트를 꺼내야 한다. 휴대전화가 임시로 삼킨 것들을 되새김질 시켜 아이디어 노트 속에 우겨넣는 작업을 해야 한다.

나는 아이디어 노트가 없는데 어떡하지요, 라고 묻는 사람이 있겠지. 피곤하게 하지 마라. 당연히 한 권 마련해야지. 사든 훔치든 당신이 알아서. 노트의 규격이나 색깔까지 내가 정해 줄까?

그동안 휴대전화에 저장해 둔 메모들을 당신이 사든 훔치든 마련한 그 노트 속에 다 우겨넣어라. 교통방송에서 들은 이야기도, 기발한 간판 사진도 다 우겨넣어라. 우겨넣다가 갑자기 떠오르는 낯선 생각이 있으면 식기 전에 얼른 우겨넣어라. 곁에 신문이 뒹굴고 있고 거기에 재미있는 기사가 눈에 보이면 그것도 가위로 오려서 붙여 놓아라. 자주 쓰는 속담 50개, 명사들의 명언 100개, 우리 국민들의 애송시 150선, 보이면 보이는 대로 집어들고 와 우겨넣어라. 당신 혼자 볼 노트니까 글씨 또박또박 잘 쓸 필요도 없고, 환경정리 하듯 반듯반듯 모양 낼 필요도 없다. 여행에서 돌아오는 마지막 날 가방 싸듯 그냥 막 쑤셔 넣어라.

▼

아이디어 노트 속으로 들어간 어린 아이디어들은 언제 어른이 될까. 한 달 후일 수도, 1년 후일 수도, 5년 10년 후일 수도 있다. 시간이 흐르면, 지금은 내공이 부족해 보이지 않는 것들이 눈에 보일 것이다. 그때까지 당신의 아이디어 노트가 그들의 따뜻한 집이 돼 주어야 한다. 가출하는 일이 없도록.

### 아이디어 노트의 수명은 몇 살일까

사람의 평균체온은 36.5도. 1년은 365일. 365로 숫자가 같다. 소수점 하나 있고 없고 차이뿐. 나는 이 한 줄을 오래 전에 내 아이디어 노트 속에 보관해 두었다. 틀림없이 둘 사이에 무슨 관계가 있을 거라는 확신을 갖고. 그러나 5년 가까이 이 한 줄 메모는 아이디어 노트 밖으로 나오지 못했다. 그동안 내가 이 둘 사이의 관계를 밝혀내지 못했기 때문이다.

하지만 5년이 지나 다시 이 한 줄을 눈여겨봤다. 그때는 책을 쓰는 중이어서 집중력이 더 발휘되었을까. 그래 이거야, 하는 힌트를 발견했다. 조심스럽게 이 한 줄을 들고 아이디어 노트에서 나왔다. 그리고 이 둘 사이의 관계가 사랑이었음을 밝혔다.

**사람의 체온이 36.5도인 이유**
사람의 체온은 36.5. 1년은 365.

사람의 체온 열이 모이면 1년이 된다.
1년에 최소한 열 사람을 꽉 껴안으라는 얘기다.

이렇게 아이디어 노트의 수명은 무한대다. 한번 아이디어 노트 속으로 들어간 놈들은 당신이 죽을 때까지 당신을 떠나지 않는다(죽어도 당신이 이들 곁을 떠나는 것이지 이놈들이 배신하는 것은 아니다). 그것은 필요할 때 손만 뻗으면 잉어든 고래든 건져 올릴 수 있는 커다란 수족관 같은 것이다. 망망대해에서 낚싯대 하나 들고 있는 사람은 이제 당신의 상대가 되지 않는다.

### 아인슈타인에서 전유성까지

사실 메모의 중요성에 대해서는 내가 이렇게 떠들지 않아도 이미 귀 따갑게 들었을 것이다. 초등학교 선생님이 그렇게 쓰라고 닦달한 일기도 메모의 또 다른 형태이고, 최근엔 시들해졌지만 한때 당신이 일촌 맺기에 집착했던 미니홈피 싸이질도 그때 그때 기억하고 싶은 말들을 도망가지 못하게 가둬 놓은 또 하나의 메모장이었다.

당신이 알 만한 수많은 인물들도 메모의 중요성에 대해 강조했고, 자신이 해 둔 메모를 발전시켜 당신이 알 만한 인물이 된 것이다.

▼

떨

정 메모할 곳이 없으면 여기에라도…

아인슈타인은 이렇게 말했다. "뭐 하러 힘들게 기억하려고 애쓰나. 기록하고 기억에서 지워라." 그 머리 좋다는 아인슈타인도 아이디어를 머릿속에 넣어 보관하지 않았다는 사실(아마 아인슈타인도 당신처럼 아이큐 200이 되지 않았겠지).

에디슨의 아이큐도 섭섭하기는 마찬가지였다. 그는 보고 들은 모든 것을 주머니에 넣고 다니는 작은 노트에 옮겨 적었다. 그가 죽고 난 후 무려 3,400권의 노트가 발견되었다. 그 중 한 페이지는 지금 당신의 머리 위에서 당신을 내려다보고 있는 전구로 발전되었을 것이다.

한때는 국가대표 스트라이커였고 지금은 프로축구 감독인 황선홍은 이렇게 말했다. "선수들에게 애매하게 지시하지 않으려고 부산 감독 시절부터 포항 감독인 지금까지 계속 메모를 해오고 있다. 선수기용에서부터 전술까지 중요한 것은 모두 메모 속에 담는다."

또 발상이 자유롭기로 유명한 괴짜 개그맨 전유성은 생각이 허공으로 날아가 버리는 것을 가장 아까워했다. 그래서 틈만 나면 메모를 했고 그 메모만으로 책 10권을 엮어냈다. 황선홍도 전유성도 그라운드나 무대 위에서만 바쁘게 뛰었던 것은 아니다.

아이디어 노트를 갖고 있는 것은 머리 바깥에 외장하드 하나를 더 갖고 있는 것이다. 머리의 용량엔 한계가 있으니 머릿속에 들어오는 대로 바로 이 외장하드로 옮겨 놓는 게 좋다. 그러

▼

면 머리에 여백이 커진다. 당연히, 기억하는 일보다 생각하고 상상하고 발상하고 창조하는 일에 머리를 더 사용할 수 있다.

### 책을 빌려 보겠다고?

몇 해 전 종각 바로 옆 한 막걸리 집에서 교수 한 분과 신문기자 그리고 출판 관련 일을 하는 대여섯 분을 만났다. 대부분 처음 보는 사람들이었다. 내 책을 내는 출판사에서 그들을 알아 두는 게 좋겠다며 마련한 자리였다. 우리는 1층과 2층이 모두 막걸리를 파는 그 집 2층 구석에 자리를 잡고 막걸리를 시켰다.

조금 취기가 돌자 누군가 2차 가자고 했다. 좋다고 했다. 그랬더니 2층에서 또르르 한 층 내려와 1층에 다시 자리를 잡는 게 아닌가. 참 재미있는 술 습관이었다. 혼자 웃었다. 물론 술과 안주도 1차와 다르지 않았다. 다시 막걸리를 한 잔씩 따르고 있는데 교수 한 분이 가방에서 뭔가를 주섬주섬 챙겨 꺼내더니 탁자 위에 올려놓았다. 세 권의 책이었다.

다시 보니 그것들은 내 책이었다. 세 권 다 내 책이었다. 감동이었다. 사실 서점을 꽉 채운 그 많은 책들 중 누가 내 책을 골라 산다는 건 기적에 가깝다. 처음 책을 냈을 때 내 책을 누가 사나 보려고 서점에 간 적이 있다.

책은 평대에 잘 깔려 있었다. 몇몇 사람이 내 책을 손에 들었다, 한참을 넘겨보더니 그 자리에 다시 놓고 가버렸다. 그렇게 한 시간 넘게 내 책이 잠깐 손에 잡혔다 풀려나는 광경을 구경하고 있었다. 야속했다. 누구든 내 책을 들고 계산대에 줄서는 사람이 보이면 쫓아가서, 제가 그 책의 작가인데 사인해 드리면 안 될까요, 라고 말을 걸기로 마음먹었다. 그러나 그날 내가 말을 건 사람은 없었다.

그만큼 독자에게 책 한 권 선택받기는 어려운 일이다. 그런데 내 책을 세 권씩이나 사다니! 그 사실만으로도 충분히 감동인데, 그보다 더 나를 감동시킨 것이 있었다. 책갈피마다 다닥다닥 붙은 빨갛고 파랗고 노란 포스트잇이었다. 그것은 그 교수가 내 책을 대충 훑어본 게 아니라 정말 열심히 읽어 주었다는 증거였다.

포스트잇도 하나의 메모다. 나중에 쉽게 찾아 다시 보려는 메모다. 그 교수는 내 책을 또 하나의 아이디어 노트로 이용하려고 포스트잇이라는 무기를 활용했다. 어쨌든 나는 너무 감동을 먹어 2차 계산을 혼자 하고 말았다.

새 책 한 권 사면 마치 고급 승용차라도 뽑은 양 그 책을 받들어 모시는 사람이 있다. 구겨지거나 생채기 날까 조심조심 새 신부 대하듯 책을 대하는 사람이 있다. 찬성하지 않는다.

책은 깨끗하게 읽을 이유가 없다. 내 책은 더욱 그렇다. 짤막한 글에 사진이나 일러스트가 어우러져 내 책엔 여백이 많다.

65

▼

그 여백을 그대로 두지 말고 더럽히며 읽어라. 책에 인쇄된 글자들은 작가의 생각이다(당신의 생각이 아니다). 작가의 생각이 당신의 머리와 부딪치는 순간 떠오르는 생각들, 그것들로 여백을 더럽혀라. 책 읽을 땐 늘 연필을 곁에 두고 책이 아니라 공책 대하듯 하라. 그러면 책의 마지막 장을 덮는 순간 그 책은 두 권의 책이 된다. 작가의 생각이 두꺼운 한 권, 당신의 생각은 약간 얇은 또 한 권.

책을 읽을 때도 버스 타고 갈 때와 마찬가지다. 어떤 생각이 떠오르는 그 순간에 메모하지 않으면 달아나 버린다. 연필을 사용하든 포스트잇을 사용하든 다 좋다. 책을 더럽히며 읽어라. 그래서 책은 가능하면 빌려 보지 말고 사서 보라는 것이다. 지금 이 책을 읽으며 내 전작들을 빌려 봐야겠다고 생각한 사람은 그 생각을 빨리 버려라.

### 애인이 없다면

애인이 없다면 내가 소개하고 싶은 친구가 있다. 조금 전 막걸리 집에서도 잠깐 만난 친구, 바로 포스트잇이다.

이 친구의 직업은 접착제다. 물건을 붙이는 접착제가 아니라 생각을 붙이는 접착제, 기억을 붙드는 접착제다. 생각이 떠올랐을 때 그것을 놓아 버리지 않으려고 벽 위에, 책 위에, 책상 위에, 다이어리 위에, 이마 위에, 어디에라도 다닥다닥 붙이는 접착제다.

　이거 하세요,
　이 날 잊지 마세요,
　이 분 만나셔야 해요.

　애인이 이런저런 이유로 시도 때도 없이 당신을 간섭하듯 이 친구도 당신을 압박한다. 하지만 이 압박은 고마운 압박이다. 당신을 나태하지 않게 해 주고 기억상실에 걸리지 않게 해 주는 친절한 압박이다. 애인이 없다면 포스트잇과 애인 먹어라. 왜? 충분히 애인 역할을 해 줄 테니까. 포스트잇과 애인의 공통점.

　당신과 눈이 마주칠 때마다 한마디씩 한다.
　지금은 잘 붙어 있지만 언제 떨어져 나갈지 모른다.
　한번 떨어지면 접착력이 크게 저하된다.
　만난 지 100일 같은 기억은 죽어도 잊지 않는다.

　어떤가. 잘만 활용하면 웬만한 사람 애인보다 낫지 않을까. 압박을 사랑이라 믿고 간섭과 구속에 감사하며 가끔은 키스라도 해 줘라. 진짜 애인이 생기면 이 친구는 어떻게 해야 하냐고? 양다리 걸쳐라.

떡　　정철이라는
　　　사람이
　　　부지런 떠는 법

### 전화도 문자도 택배도 오지 않는 시간

새벽 다섯 시도 좋고 여섯 시도 좋다. 나는 잠에서 깨면 작업실로 간다. 집과 내 작업실은 불과 10분 거리. 나는 작업실을 옆방처럼 생각한다. 옆방 문 열고 들어가듯 작업실을 드나든다.

이 책을 쓰고 있는 지금 이 시간도 새벽이다. 오늘은 너무 일찍 눈을 떠 네 시가 되기도 전에 작업실에 앉아 있다. 아마 오전 열 시나 열한 시쯤 되어 눈이 무거워지면 집으로 가겠지. 낮잠 한잠 자고 나서 필 받으면 다시 작업실로 오겠지. 생활이 불규칙해서 어쩌나, 걱정하지 마라. 불규칙한 게 아니라 글은 쓰고 싶을 때 쓴다는 나만의 규칙에 충실한 것이다.

출근 아홉 시, 퇴근 여섯 시. 누가 정해 놓은 룰인가. 그 시간이 일하기에 가장 효율적이라는 말인가. 남들의 습관을 따라갈 이유는 없다(직장에 다니지도 않는 사람들이 직장인들 퇴근시간인 저녁 일곱 시에 술 약속 하는 걸 보면 참 재미있다. 다섯 시에 만나면 왜 안 되는데?). 나는 내가 가장 편하고 내가 가장 능률적이라고 생각하는 시간에 책상 앞에 앉는다. 새벽 여섯 시에서 아침 아홉 시, 이 세 시간을 가장 사랑한다. 전화도 문자도 카톡도 택배도 오지 않는 시간, 누구도 나를 방해하지 않는 이 시간을 가장 좋아한다. 집중력이 최고조에 달하는 시간도 바로 이 시간이다.

이 세 시간에 글 세 꼭지를 쓴다면 늘어지는 오후의 세 시간엔 한 꼭지 생산해 내는 것도 버겁다. 물론 사람에 따라 집중력

▼

이 커지는 시간은 다르겠지. 한밤중을 권하는 사람도 있고 오전 시간을 주장하는 사람도 있겠지. 중요한 건 당신의 신체리듬과 두뇌리듬에 가장 잘 맞는 시간, 당신의 집중력이 가장 커지는 시간을 스스로 발견하는 것이다. 따라가지 않는 것이다.

나는 새벽에 책상 앞에 앉으면 먼저 휴대전화를 꺼낸다. 그리고 어제 하루 동안 채집한 것들을 책상 위에 다 풀어놓는다. 하나하나 다시 들여다보며 어떻게 발전시킬까 고민한다. 그 중 일부는 그 자리에서 완성된 글이 된다. 당장 발전시키기 어려운 것들에겐 아이디어 노트 속으로 들어가 때를 기다리라고 명한다. 어제 하루 메모해 둔 게 하나도 없다면 그날 새벽은 하품만 하거나 담배연기만 내뿜는 아까운 새벽이 되고 만다.

남들 다 자는 그 새벽에 내가 책상 앞에 앉아 뭘 하는지 훔쳐보고 싶은가. 훔쳐볼 필요 없다. 그대로 공개하겠다.

커튼을 연다. 아직 창밖은 깜깜하다. 자리에 앉는다. 방석이 밤새 두툼해졌다. 피씨를 켠다. 밤새 올라온 술 취한 글 몇 개 만난다. 블로그에 들어가 댓글 몇 개 단다. 휴대전화를 꺼낸다. 어제 써 둔 메모들을 종이 위로 옮긴다. 한두 개 아이디어는 바로 글 작업해도 되겠다고 생각한다. 책상 오른쪽 구석엔 이면지가 산더미처럼 쌓여 있다. 잡히는 대로 뭉텅 들고 와 내 앞에 놓는다. 오늘은 어떤 연필을 잡을까 잠시 고민한다. 나무색 연필에 눈이 간다. 드르륵 드르륵 연필을 깎는다. 보온병에 담아온 커피를 머그컵에 따른다. 담배와 라이터를 그 옆에 조신하게 놓는다. 휴대전화에서 종이 위로 자리를 옮긴, 어린이날 어버이날엔 '의'라는 조사를 쓰지 않는데 왜 스승의 날에만 '의'를 붙일까, 라는 한 줄을 노려본다. 연필을 종이 위에 대고 끼적거린다. 이건 아니다 싶다. 실패한 종이들을 왼쪽 구석으로 치운다. 그곳에도 오른쪽 구석만큼 종이가 높이 쌓여 있다. 언제 한꺼번에 갖다버려야지 생각한다. 언제일지는 알 수 없다. 커피 한 모금 입에 댄다. 다시 연필과 종이를 만나게 한다. 쓴다. 쓴다. 버린다. 버린다. 마침내 글이 그럴듯한 모습을 갖춘다. 이번엔 걷어낼 단어 하나, 문장 하나 없는지 또박또박 읽으며 살핀다. 몇 글자가 지워진다. 죽은 글자들을 향해 묵념한다. 책상 오른쪽 피씨 쪽으로 의자를 돌려 앉는다. 한글 창을 띄운다. 한컴바탕체, 12포인트, 양쪽정렬, 줄 간격 160%, 화면확대 125%, 글자모양 장평 95% 자간 -10에 맞춘다. 종이 위에 연필로 쓴 〈스승의 날〉이라는 글을 그곳으로 옮긴다. 물론 양쪽 검지 하나씩만 사용하는 독수리타법이다. 언제 나머지 손가락들에게도 공정한 기회를 주는 타법을 배워야겠다고 생각한다. 언제일지는 알 수 없다. 모니터를 보며 다시 한 번 읽어 본다.

**스승의 날**

어린이날. 어버이날. 스승의 날. 왜 스승날이 아니라 스승의 날일까. 왜 스승 다음에만 '의'라는 글자 하나를 더 붙일까. 옳을 의(義). 스승이 제자에게 가장 먼저 가르쳐야

▼

할 것이 의(義)라는 것을 한시도 잊지 말라는 뜻이겠지. 정의롭게 살라고, 의리를 지키며 살라고, 의무를 다하며 살라고 가르쳐 주시는 스승님. 영어, 수학보다 의를 먼저 심어 주시는 스승님. 오늘은 당신의 날입니다. 고맙습니다.

글은 얼추 된 것 같다. 나를 가르친 선생님들의 얼굴을 떠올려 본다. 의(義)를 가르쳐 주지 않은 초등학교 선생님 한 분이 제일 먼저 떠오른다. 나는 초등학교 때 공부를 잘했다. 전교 1등을 다투었다. 그날은 시험 날이었다. 그 시험으로 졸업식 날 교육감 상을 받을 놈이 결정된다. 그때 나는 탁구선수였다. 여기저기 시합 찾아 다니느라 결석이 잦았다. 그래서 공부를 많이 놓쳤다. 선생님은 이를 안쓰럽게 생각했다. 첫 시간 시험을 마쳤다. 선생님은 계단 쪽으로 조용히 나를 불렀다. 그리고 주위를 두리번거렸다. 보는 눈이 없다는 것을 확인했다. 손바닥을 펼쳤다. 선생님의 손 위엔 작은 종이 하나가 놓여 있었다. 거기엔 다음 시간 정답 번호가 주르륵 적혀 있었다. 내 가슴은 방망이질을 했다. 정답이 하나도 눈에 들어오지 않았다. 시험 보는 내내 가슴이 쿵쾅쿵쾅 뛰었다. 오히려 그것 때문에 시험을 망쳤다 (물론 핑계다). 결국 나는 교육감 상을 받지 못했다. 아픈 기억 떠올리니 담배가 마렵다. 입에 담배 한 대 물린다. 어느새 날이 밝아 오고 있다. 하지만 아직도 출근하는 사람들은 보이지 않는다. 커피는 떨어졌다. 이번엔 보온병에 담아온 따뜻한 물을 같

떨

은 머그컵에 따른다. 페이스북에 들어가 글 몇 개 둘러본다. 좋아요 누른다. 별로 좋은지는 모르겠다. 다시 몸을 돌려 책상을 향한다. 카피 쓸 일이 하나 있다. 모 공기업 슬로건을 뽑는 일이다. 세계, 미래, 인류의 가치, 국민에게 헌신 같은 상투적인 단어들이 키워드라 한다. 공기업이다. 많이 튀어서는 곤란하다. 다시 연필을 든다. 'The Earth is our Playground'라는 슬로건을 적어 본다. Play, 즉 논다는 개념에 틀림없이 저항이 있을 것이다. 'Touch next!'라는 슬로건도 적어 본다. 문법이 맞는지 알 수 없다. 'Touch the next!'라고 해야 하는지 궁금하다. 하지만 이 새벽에 물어볼 사람은 없다. 궁금하지 않은 척 한다. 'Today is Tomorrow'나 'Together & Tomorrow' 같은 뜬구름들도 적어 본다. 에라 모르겠다 손을 놓는다. 몸을 돌려 메일을 확인한다. 정철카피님, 저는 카피라이터가 되고 싶어요, 라는 제목이 눈에 띈다. 확인해 보니 초등학교 5학년이 보낸 메일이다. 예쁜 생각이라고 박수를 쳐 준다. 카피라이터가 되려면 사람을 관찰하고 사람을 이해하고 사람을 사랑하는 것이 가장 중요하다고 나름 정성껏 답장을 해 준다. 모레 있을 대학특강 피피티를 다시 확인한다. 연필사용법이라는 강연제목을 바꿀까 하다 그냥 둔다. 어느새 사람들이 다 출근했는지 밖이 시끄럽다. 구두 닦으실래요(내겐 이 말이 늘 '실례'로 들린다. 복도를 따라가며 매일 소리 지르는 게 실례라는 생각으로 이렇게 외치는 거겠지), 라는 독특한 호객을 하는 구두 아주머니의 목소리가 들려오는 걸 보니 어느

▼

새 10시가 다 된 것 같다. 언제 구두 한번 닦아야지 생각한다. 언제일지는 모른다. 오늘은 아니다. 조금씩 눈꺼풀이 내려앉는다.

당신도 부지런을 좀 떨어야겠다는 생각이 드는가. 손톱만큼이라도 그런 생각이 들었다면 그 생각이 달아나 버리기 전에 이 글을 받아라. 몸이 마음에게 하는 말이다.

나는 조금 더 움직일 테니, 너는 그만 좀 움직여.

### 정철의 아이디어 노트 엿보기

내 아이디어 노트엔 어떤 말들이 어떤 형태로 적혀 있을까. 몇 장 넘겨본다. 이 중엔 완성품으로 발전하여 아이디어 노트를 졸업한 것도 있고, 아직도 둥지 속에서 기회만 엿보는 새끼 제비 같은 것들도 있다. 글 쓸 때 써먹으려는 것도 있고, 광고 아이디어로 발전시키겠다는 것도 있다. 가벼운 술자리에서 써먹을 농담거리들도 있다. 보고 싶은가. 보라.

- 철학은 끝났다. 다음은 경제학이다.
- 선두가 가장 잘 뛰고 꼴찌가 가장 열심히 뛴다.
- 한밤중, 국산품 전시장 문을 꽉 잠그고 있는 외제 자물쇠.
- 25명의 미녀와 24벌의 의상.

- 예식장에서 여자 주례를 보셨습니까?
- 동물의 나이.
  메기 80. 앵무새 90. 고양이 12. 타조 35. 거북 175.
  독수리 60. 개 16. 소 25~30. 두꺼비 36. 사람 ?
- 맨 앞에서 썰매를 끄는 개만이 경치가 바뀌는 것을 감상할 수 있다. (에스키모 속담)
- 자동차 번호판, 서울 44 사 4444
- 손톱이 발톱보다 더 잘 자란다.
- 동백, 한스러운 아름다움.
  작약, 흐드러진 꽃송이에 넘치는 붉은 빛.
  칸나, 턱없이 큰소리로 웃어대는 실없는 가시내 같다.
  벚꽃, 나부끼는 지향 없는 슬픔.
  채송화, 예뻐할 수는 있어도 마음에 담을 수는 없어.
  들국화, 외로움이 팔자 될까 봐.
  맨드라미, 계절이 바뀌어도 시들 줄 모르는 둔감.

  (조정래, 《태백산맥》 3권, 235쪽)
- 땅은 누워 있는 하늘이다.
- 빠리나 파리가 아니라 빨히다.
- 암캐가 수캐보다 잘 문다.
- 진도에서는 외나무다리를 건너다 두 사람이 마주치면 노래대결을 한다.
- 11대 뉴스.

자

▼

- 차이코프스키, 차이코프스키, 차이코프스키.
- 회충 죽이는 법. 아사, 익사, 압사, 질식사.
- 1시간 : 근육과 심장이 4천 번 신축. 점심 먹은 음식물이 반쯤 위에서 소장으로 옮겨간다. 지구가 약 6만 3천 마일을 달린다. 독사에게 물렸을 때 죽는 시간. 릴케의 〈두이노비가〉 전편을 읽는다. 베토벤 심포니 1번과 피아노 소나타 1번 감상.
- 내 처음과 끝을 다 보는 사람은 나뿐이다.
- 돈과 독. 꿈과 껌. 땅과 땀.
- 책, 나무였지.
- 뱀은 눈을 뜨고 잔다.
- 미국 16개 주에서는 코고는 남편에 대해 이혼소송이 가능하다.
- 두통은 인간 이외의 동물에겐 나타나지 않는다.

 물론 모든 아이디어 노트가 정철이라는 사람이 쓰고 있는 아이디어 노트를 닮을 필요도 없고, 꼭 이런 내용의 메모가 적혀 있을 필요도 없다. 이건 정철의 아이디어 노트일 뿐이다. 사든 훔치든 당신이 마련한 당신의 아이디어 노트엔 당신만의 아이디어가 당신만의 형태로 들어 있어야 한다. 당신이 가장 쉽게 기록할 수 있는 방법으로. 당신이 가장 잘 보관할 수 있는 방법으로. 당신이 가장 잘 발전시킬 수 있는 방법으로. 당신이 가장 잘 꺼내 쓸 수 있는 방법으로.

### 정철이 일을 시작하는 법

나는 프리랜서 카피라이터 생활을 20년 이상 하고 있다. 용병으로 남의 전쟁이나 전투에 참여하는 일을 한다. 경쟁 프레젠테이션에서 카피라는 핵심무기를 생산해 공급해 주는 일이 내 일의 대부분이다. 같이 일 한번 합시다, 좋습니다, 통화가 끝나면 광고대행사든 광고주든 그 일에 대한 오리엔테이션을 받으러 간다. 연필 하나 달랑 들고.

몇 장의 브리프를 받는다. 제품의 특징, 시장상황, 광고목표 등이 빼곡히 적혀 있다. 별 감흥도 느낌도 없다. 받을 때마다 애드 브리프를 꼭 이렇게 써야 할까, 하는 생각이 든다. 어쨌든 받은 그것을 한 장 한 장 보면서 설명을 듣는다. 말이 설명이지 브리프에 적힌 그대로를 내게 읽어 주는 것이다. 그렇다면 그냥 메일이나 팩스로 받으면 되는 거 아니냐고 생각하겠지만 그게 그렇지 않다. 이때가 가장 중요하다. 누군가가 내게 브리프 첫 줄을 읽어 주기 시작하는 순간부터 나는 일을 시작하기 때문이다.

나는 이미 연필을 쥐고 있다. 눈으로는 브리프를 따라가고 귀로는 설명을 따라가면서 내 손이 일할 순간을 기다린다. 그러다 순간순간 머리에 떠오르는 것들을 하나도 놓치지 않고 브리프

▼

의 여백에 빠른 속도로 적어나간다(아까도 말했지만 세상 모든 여백은 더럽히라고 있는 것이다). 그것은 목탁 같은 단어 하나일 수도 있고, 바람이 다르다 같은 한 줄 헤드라인일 수도 있고, 찰리 채플린 같은 어떤 한 사람일 수도 있고, 강아지나 고양이나 다람쥐일 수도 있고, 빨강이나 파랑 색깔일 수도 있다. 아니면 장기하의 〈느리게 걷자〉 같은 노래 제목이나 천명관의 《고래》 같은 소설 제목일 수도 있다. 아니면 꼬불꼬불 내 손으로 그린 유행 지난 비키니 수영복일 수도 있다. 뭐든 내 눈과 내 귀에 걸리면 그것을 브리프에 옮겨 적는다. 내가 그 제품과 처음 만나는 순간 밀려드는 생각이 가장 중요하다고 믿기 때문이다. 내가 가장 먼저 한 생각을 소비자도 가장 먼저 하게 될 것이기 때문이다.

설명이 끝나면 내가 받은 브리프는 여백을 찾을 수 없을 만큼 더럽혀져 있다. 나는 한 손엔 연필, 또 한 손엔 그 브리프를 들고 다시 내 사무실로 움직인다. 책상에 앉는다. 다시 브리프를 정독한다. 그리고 브리프 여백에 저장해 온 생각들을 하나하나 꺼내어 만져 본다. 아까 내가 왜 이 사람을 떠올렸지? 왜 내가 빨간색이라 적어 뒀지? 이 단어는 뭐지? 이렇게 하나하나 씹어 삼킨다.

그리고 그것들이 내 식도를 지나 위장에서 발효되기를 기다린다. 그날 바로 발효되어 아이디어로 완성되기도 하지만 쉽게 발효되지 않고 며칠씩 애를 태우기도 한다. 그러나 결국 그 브리프에 저장해 온 메모들 중 하나가 헤드라인 A안이 된다. 그러니까 헤드라인 A안은 머릿속에서 짜내는 게 아니라 메모에서 찾아내는 것이다. 물론 헤드라인 하나로 일이 끝나는 경우는 거의 없다. B안, C안을 찾아내야 한다. 헤드라인만 수십 개 써야 하는 경우도 적지 않다. 대개 짜내고 짜내면 어떻게든 B안, C안이 만들어진다.

그러나 벽을 만난 듯 아이디어가 꽉 막힐 때도 있다. 그땐 어떻게 해야 할까. 죽은 자식들(전에 썼는데 광고주의 선택을 받지 못한 카피들)을 만지작거린다. 그러면 누워있던 시체가 눈을 뜨고 벌떡 일어나는 기적 몇 개는 틀림없이 건질 수 있다. 5년 전 닥터캡슐 광고 만들다 죽어 버린 카피가 프렌치카페 광고 카피로 부활하는 기적을 경험할 수 있다.

역시 메모다. 죽은 자식들을 버리지 않고 모아 두는 것도 하나의 메모다. 내가 그들의 아버지라는 것을 기억하고 있어서일까. 그들은 자연스럽게 또 하나의 내 아이디어 노트 노릇을 해 준다. 효심이다. 내가 일을 시작하는 방법은 메모다. 브리프에 뭔가 끼적거리는 것으로부터 일이 시작된다. 내가 일을 끝내는 방법도 다시 메모다. 버리지 않고 모아 둔 죽은 자식들이 남긴 흔적을 훑어보는 것으로 일을 끝낸다.

지금까지 내가 카피 뽑는 과정을 소개했지만 이 이야기가 꼭 카피라이터에게만 해당되는 건 아니다. 당신이 일을(그것이 어떤 일이든) 시작하는 상황을 머리에 그려 보라. 그렸는가. 다른 건 다 그대로 두고 당신의 손가락 사이에 연필 한 자루만 더 그려 넣어라. 시작이 달라진다. A안이 달라진다.

발상전환을 위한 노력 2
관찰, 관찰, 관찰, 발견!
뚫어질 때까지 보면
구멍이 뻥! 뚫린다.

참: 포기하고 싶은 순간에 조금만 더

### 참는 게 남는 거다

발상전환을 위해선 최소한 두 가지 노력을 해야 한다고 했다. 그 하나가 약간의 부지런이라면 다른 하나는 약간의 인내다. 이 역시 대단히 심각한 인내가 아니라 약간의 인내다. 과연 무엇을 참아야 할까.

지금 주위에 걸레가 있다면 그것을 손 위에 올려놓아라. 그리고 그 걸레를 찬찬히 살펴보라. 걸레가 성직자의 모습으로 보일 것이다. 무슨 얘기냐고? 조급하게 굴지 말고 더 들어 보라. 자신을 희생해서, 자신을 더럽혀서 세상을 깨끗하게 해 주는 걸레(이제 고개를 끄덕이겠지). 그 숭고한 자세에서 성직자의 모습을 떠올릴 수 있다는 것이다. 사실 여기까지는 누구나 그리 어렵지 않게 발견할 수 있다. 걸레가 하는 일의 본질을 찬찬히 들여다 보면 성직자가 눈에 보인다(들여다봤는데 저는 못 보았어요, 라고 말하고 싶은 사람은 '본질'이라는 단어와 '찬찬히'라는 단어를 양손에 들고 다시 한 번 들여다보라).

자, 이제 성직자에서 그치지 않고 걸레를 더 뚫어지게 관찰해 보자. 이번엔 뭐가 보일까. 성직자의 정반대편에 있는 조폭의 모습이 보인다. 또 무슨 얘기냐고? 알다시피 걸레는 대부분 수건 출신이지. 그러니까 왕년엔 수건이라는 이름으로 귀부인의 얼굴 근처에서 놀았지. 그 때 조폭처럼 몸에 문신을 했지. 수건에 문신이라니. 그게 무슨 얘기냐고? 글쎄 들어 보라니까. 수

▼

건을 잘 관찰하면, '속리산 관광기념'이나 '주원희 여사 칠순기념', '여수고 26회 동문 체육대회' 같은 문신들을 발견하게 된다니까.

수건이 늙고 병들어 걸레로 추락하고 난 후에도 이 문신의 흔적들은 그대로 남아 있다. 그러니 은퇴한 조폭처럼 보이는 것이다. 물론 쉽게 찾아지는 건 아니다. 참아야 보인다. 참는 게 남는 것이다.

## 파친코에서 잭팟을 터뜨리려면

모든 아이디어는 관찰과 발견이라는 딱 두 가지 과정을 거쳐 태어난다. 관찰, 관찰, 관찰, 관찰을 계속하다 보면 마침내 발견이라는 순간이 온다. 목욕탕에 들어가 있던 아르키메데스는 이 순간을 유레카! 라는 한마디로 표현했고, 사과나무 아래에 앉아 있던 뉴턴은 이 순간에 만유인력이라는 법칙을 생각해냈다. 세상 모든 위대한 발견은 관찰이라는 지겹고 따분한 시간을 인내라는 침착한 무기로 버텨낸 후에 우리 앞에 모습을 드러낸다. 내 글 중에 〈꿈〉이라는 제목의 글이 있다.

**꿈**
몇 안 되는 미래형 명사.

처음엔 '꾸다' 라는 동사와 붙어 지내지만
꾸다, 꾸다, 꾸다, 꾸다 반복하여 주문을 외우면
어느새 '이루다' 라는 동사와 붙어 있다.

반복하여 주문을 외우면, 이라는 이 한 줄이 중요하다. 이 글을 그대로 아이디어의 관찰과 발견에 대입해 보자.

아이디어

몇 안 되는 지능형 명사.
처음엔 '관찰하다' 라는 동사와 붙어 지내지만
관찰하다, 관찰하다, 관찰하다 반복하여 주문을 외우면
어느새 '발견하다' 라는 동사와 붙어 있다.

관찰 없는 발견은 없다. 관찰에 시간과 노력을 주지 않고 발견을 욕심내는 건, 눈 감고 사과나무 아래에 누워 입 벌리고 있는 꼴이다(입속으로 벌레가 먼저 떨어질 거다).

교통흐름을 원활하게 하려면, 교통사고로 구급차에 실려 갈 각오를 하고 신호등이 바뀌는 시간과 순서를 관찰해야 한다. 스테이크 라면이라는 신제품을 생산하려면 사람들이 마트에서 라면을 집어 카트에 넣는 표정과 레스토랑에서 스테이크를 먹고 난 후 계산하는 표정을 번갈아 관찰해야 한다. 파친코에서 잭팟을 터뜨리려면 그 기계가 돈 먹는 습관을 3박 4일 동안 뜬

▼

눈으로 관찰해야 한다.

　아이디어를 내고 싶다면 발상전환을 하고 싶다면 관찰을 피해갈 수 없다. 사물과 현상을 뚫어지게 바라보는 그 인내의 시간을 생략할 수 없다. 인내의 시간이 길수록 발견의 기쁨은 커진다.

### 하이힐에서 근사한 아이디어를 끄집어내는 방법

　관찰과 발견을 조금 더 부연해서 설명해 보겠다. 자, 당신에겐 하이힐이 한 켤레 있다. 이 하이힐에서 근사한 아이디어를 하나 끄집어내고 싶다. 어떻게 해야 할까?

　우선 하이힐 하고 친해져야 한다. 그래야 하이힐이 내게 이거 받아라! 하며 아이디어 하나를 던져 준다. 사람 사이에서도 처음 보는 사람에게 뭐든 그냥 막 주는 사람은 없다. 어느 정도는 친해져야 새우깡 하나라도 던져 준다. 그래서 먼저 하이힐과 친해지려는 노력을 해야 한다.

　친해지는 방법은 밀착이다. 하이힐을 신어 보고, 뒤집어 보고, 양손으로 쥐고 비틀어 보고, 하늘로 던져 보고, 코를 막고 입으로 꽉 물어 보고, 사랑하는 사람 껴안듯 가슴에 꼭 안아 보고, 모자 대신 머리 위에 가만히 얹어 보고, 재기 차듯 발로 툭툭 차 보고, 칼을 들고 가로세로로 잘라 보고 하면서, 하이힐과 나 사이에 놓인 서먹서먹함을 털어 버리려고 애를 써야 한다. 즉 하이힐과 나 사이의 간극을 좁히는 노력을 가장 먼저 해야 한다.

간극을 좁힌다는 건 하이힐에 대해 기초적인 공부를 하며 하이힐의 인생과 생각을 이해한다는 뜻이다. 하이힐은 몇 세기 어느 나라에서부터 신기 시작했는지, 하이힐을 금지시킨 나라는 어느 나라였는지, 하이힐의 높이와 발 건강은 어떤 관계가 있는지, 가장 높은 하이힐은 몇 센티인지, 요즘 유행하는 하이힐은 무슨 색인지, 여자들이 하이힐에게 월급의 절반을 갖다 바치는 건 어떤 심리인지. 이런 공부를 먼저 해야 한다. 상대를 모르고 상대에게 아이디어를 달라고 하는 건 실례니까.

자, 하이힐과 웬만큼 친해졌다 싶으면 이제 손바닥을 쫙 펴고 그 위에 하이힐을 올려놓는다. 그리고 그 하이힐을 뚫어지게 바라본다. 두 눈을 크게 뜨고 하이힐 하나만 바라본다. 주위에서 누가 말을 걸어도, 헤어진 애인으로부터 전화가 와도, 택배 아저씨가 초인종을 눌러도, 빨랫줄에 걸어 놓은 실크팬티가 소나기를 맞아도 두 눈을 그대로 하이힐에 고정해야 한다.

바로 집중력이다. 설렁설렁 관찰이 아니라 집중력을 갖고 뚫어져라 바라보는 관찰이다. 좋다. 하겠다. 뭐 헤어진 애인도 실크팬티도 없는데 그거 못하겠냐. 그런데 뚫어지게 바라보는 일을 언제까지 해야 하느냐? 라고 묻고 싶겠지.

뚫어질 때까지.

뚫어질 때까지 바라보면 결국 하이힐은 뻥! 소리를 내며 구멍

▼

이 뚫린다. 하이힐이 뻥! 소리를 내며 구멍이 뚫릴 때, 당신의 머릿속엔 번쩍! 하고 번개가 친다. 그때가 바로 하이힐에 나에게 아이디어 하나를 휙 던져 주는 순간이다.

그게 과연 가능한 일이냐고? 물론 가능하다. 하이힐 속에 아이디어가 딱 하나뿐이라면 쉽지 않겠지. 그러나 하이힐 속에는 100만 개의 아이디어가 숨어 있다. 그런데 이제껏 사람들이 끄집어낸 아이디어는 1만 개에 불과하다. 남은 아이디어가 무려 99만 개. 99만 개 중 하나를 당신이 끄집어내는 건 그리 어려운 일이 아니다. 구멍이 뻥! 뚫리는 순간까지 바라보는 일을 포기하지만 않는다면.

**참**

그런데 당신은 왜 지금껏 하이힐에서 아이디어 하나도 끄집어내지 못했을까. 마지막 순간을 견디지 못했기 때문이다. 당신도 하이힐 하고 친해지려는 노력을 잘 한다. 손바닥 위에 잘 올려놓는다. 그리고 뚫어지게 바라보는 일도 잘 한다. 그런데 하이힐이 뻥! 소리를 내며 구멍 뚫리기 직전에 바라보는 일을 멈춰 버린다(아, 이건 정말 눈물로 목욕을 할 만큼 억울한 일이다).

그리고 하는 말이, 나는 안 돼! 틀렸어! 머리가 당최 안 돌아가! 나랑 머리 쓰는 일은 궁합이 완전 안 맞아! 하면서 하이힐을 던져 버린다. 너무 아깝지 않은가. 42킬로미터를 잘 달려왔는데 마지막 195미터를 남겨 두고 주저앉는 마라토너.

포기하고 싶은 순간에 조금만 더 가 보라. 나는 머리가 당최 안 돌아가! 하는 생각이 드는 순간에 하이힐을 손에서 내려놓지 말고 인내, 인내, 인내 주문을 외워라. 틀림없이 뻥! 하고 하이힐이 뚫리는 것을 경험하게 된다.

물론 사람에 따라 뻥! 하고 구멍 뚫리기까지 걸리는 시간이 조금씩 다를 수 있다. 빅 아이디어인가, 스몰 아이디어인가에 따라 뚫린 구멍의 크기도 다를 수 있다. 하지만 확실한 것 한 가지는 포기하지만 않으면 구멍은 뚫린다는 것이다.

예를 하나 들어볼까. 하이힐이라는 세 글자를 뚫어지게 바라보다가, 이 세 글자가 하이힐과 생김새가 닮았다는 것을 발견한다. 당신의 반응. 뭐가 닮았다는 거지? 내 대답. 더 들어보시길. 앞의 두 글자 '하이'에는 받침이 없는데, 하이힐의 뒤꿈치에 해당하는 마지막 글자 '힐'에만 받침이 있다는 것. 이는 뒤쪽이 갑자기 높아지는 하이힐의 옆 모양을 그대로 닮았다는 것. 그러니까 하이힐이라는 이름은 사물의 모양을 본떠 만든 상형문자라는 것. 중국에만 상형문자가 있는 게 아니라는 것.

생각을 조금 더 진전시켜 볼까. 그 뒤꿈치의 받침이 기역이 아니라 리을이라는 것. 리을은 그렇게 날카롭지도 뾰족하지도 않다는 것. 부드러움과 안정감이 있는 받침이라는 것. 이렇게 높이와 안정감을 함께 갖춰야 진정한 하이힐이라는 것. 하지만 많은 여성들이 하이힐의 뒤꿈치에 리을을 달지 않고 기역을 달고 다닌다는 것. 그래서 늘 아슬아슬하다는 것. 발목건강 무릎건강 척추건강이 줄줄이 걱정된다는 것. 그건 하이힐이 아니라 하이킥을 신고 다니는 것이니까.

▼

　구두 만드는 회사에 도움이 될지 안 될지 모르지만, 어쨌든 이런 생각도 하이힐에 작은 구멍 하나를 뚫은 것 아닐까.

　시간이 오래 걸리더라도, 아주 작은 구멍이 뚫리더라도, 맨 처음 구멍 뚫리는 순간을 경험하는 것이 중요하다. 그러면 자신감이 생긴다. 아, 나도 머리로 구멍을 뚫을 수 있네! 하는 자신감. 그때부터 손바닥에 올려놓은 물건에 구멍 뚫리는 시간은 조금씩 줄어들 것이고, 구멍의 크기도 조금씩 커질 것이다. 포기하지만 않으면 반드시 구멍이 뚫린다는 확신도 갖게 될 것이다. 결국은 관찰이다. 사물이나 사람 또는 어떤 현상을 뚫어지게 바라보는 관찰이다.

### 청춘에 구멍 뚫기

　청춘. 내가 가장 부러워하는 단어. 아니, 손석희, 반기문, 고현정, 차범근, 배용준, 조수미 등 청춘을 지나온 사람이면 누구나 다 뒤돌아보며 부러워하는 단어(그러니 당신은 이 사람들을 만나면 거만한 표정을 지어도 좋다). 맨발로 길을 걸어도, 우산 없이 비를 맞아도, 컵밥으로 끼니를 때워도 멋있는 청춘. 가만히 앉아 있지만 않으면 그냥 다 멋있는 청춘.
　부러워서였을까. 〈청춘〉이라는 글을 쓴 적이 있다. 네 줄로 된

이 짤막한 글은 청춘을 다른 말로 표현하면 무엇이 있을까, 하는 생각으로부터 시작되었다.

**청춘**
한 글자로는 꿈.
두 글자로는 희망.
세 글자로는 가능성.
네 글자로는 ○○○○.

한 글자에서 세 글자까지는 쉽게 썼다. 그런데 마지막 네 글자가 잘 떠오르지 않았다. 머릿속에선 자꾸 무한도전이라는 네 글자만 춤을 줄 뿐, 이거다! 하는 것이 손에 잡히지 않았다. 나는 무한도전으로 만족하고 싶지 않았다(무한도전은 토요일 밤에 보면 되지, 책에서까지 볼 필요는 없으니까). 조금 더 관찰하면 더 근사한 한마디를 건져낼 거라 확신했다. 청춘이라는 단어를 손바닥 위에 올려놓고 뚫어지게 바라봤다. 하루, 이틀, 사흘… 그러자 어느 순간 청춘이 뻥! 소리를 내며 뚫렸다. 내가 발견한 네 글자는 바로,

할 수 있어!

그래, 왜 나는 명사에서만 네 글자를 찾았을까. 왜 하나의 문

▼

장일 수도 있다는 생각을 하지 않았을까. 이렇게 문장을 만들어 붙이니, 글이 마지막 반전도 있고 맛도 더 있지 않은가. 만약 조금 더 참지 않고 관찰을 포기해 버렸다면 지금 내 책엔 무한도전이라는 네 글자가 앉아 있겠지.

책이 나온 후에 내 블로그에서 청춘을 다섯 글자로 표현하면 어떤 게 있을까, 하는 댓글공모전을 한 적이 있다. 당선작 10개를 뽑아 내 신간을 보내 주는 공모전이었다. 응모작은 300개를 훌쩍 넘었다. 재미있는 다섯 자, 의미 있는 다섯 자가 쏟아졌다. 심지어는 '주제파악금지' 같은 여섯 자 응모작도 있었다. 규격과 질서를 거부하는 진정한 청춘의 도발이었다. 하지만 마음으로만 박수를 보내 줬을 뿐 당선시켜 줄 수는 없었다. 10개의 당선작은 다음과 같다.

1. 사람과 사랑
2. 안 긁은 복권
3. 자유이용권
4. 독립기념일
5. 백만스물둘
6. 우주의 중심
7. HEART
8. 디 아이 와이
9. 저스트 두 잇

10. 물음과 느낌

　당선작을 뽑는 기준은 순전히 내 주관이었다. 조금이라도 청춘다운 작품에게 점수를 더 줬다. 그런데 여기에 응모하고 당선된 사람들은 거의 다 일반인이었다. 글쟁이나 광고쟁이가 아니었다. 하지만 다들 훌륭한 다섯 글자를 관찰해냈고 발견해냈다. 그러니까 글쟁이나 광고쟁이가 아닌 당신도 이 정도의 발견은 충분히 할 수 있다는 얘기다. 뚫어지게 관찰만 한다면. 당선작에 들지는 못했지만 눈길을 끌었던 작품도 여럿 있었다.

　지금 이 순간, 이루어진다, 인생 끓는 점, 맨땅에 헤딩, 세상아 덤벼, 지지 않는 꽃, 하이라이트, 아니면 말고, 아름다워라, 허기진 창고, 롤러코스터, 밑져야 본전, 회춘의 동생, DOING, 배움을 채움….

　나는 당선작을 발표하며, 응모했으나 당선되지 못한 분들에게 실망하지 말라고 했다. 당신이 11등이라고 생각하라고 했다. 청춘답게.

참

연필을 놓고
눈으로 써라

### 발상의 근육 만들기

우리 몸의 근육은 한 번의 운동으로 만들어지지 않는다. 물론 한 차례의 운동으로도 몸이 살짝 부풀어 오르는 것을 느낄 수는 있지만, 그것은 혈액과 수분이 모여 살짝 팽창하는 것이지 근육이 생긴 것은 아니다. 이것에 속으면 안 된다. 실제 근육이 만들어지는 시간은 아무리 빨라도 몇 달은 걸린다.

머리에 근육을 만드는 일도 크게 다르지 않다. 머리, 즉 뇌에 만들어지는 근육을 발상의 근육이라 치자. 이 발상의 근육 역시 뇌에 한두 번 힘을 주는 것만으로는 만들어지지 않는다. 뇌를 한두 차례 사용해 보고, 생각이 안 난다고 머리 쥐어박고 그만둬 버리면 그것으로 끝이다. 하지만 누가 이기나 보자, 하는 꼴통의 심정으로 계속 덤벼들면 생각의 줄기가 조금씩 쌓여 탄탄한 발상의 근육이 만들어진다.

결국 머릿속에 발상의 근육을 만들려면 끊임없이 반복해서 관찰하면서 생각해야 하고, 또 그 근육을 안착시키려면 한번 만들어진 근육이 쉽게 풀리지 않도록 그것을 자꾸 사용해야 한다 (몸에 근육 만들어 주는 스포츠센터나 트레이너는 많지만, 뇌에 근육 만들어 주는 곳은 없다. 왜 그럴까. 발상의 근육은 값으로 따질 수 없는 소중한 근육이라 월 회비를 얼마 받아야 할지 몰라서다).

다른 날에 비해 특별히 머리회전이 잘 된다는 느낌을 받는 날이 있다. 이런 날은 연필 잡는 일이 즐겁다. 연필도 기분이 좋을 것이다. 사랑하는 연필깎이와 자주 만날 수 있으니까. 그날 쏟아내는 글은 양이나 질 모든 면에서 다른 날과는 비교되지 않을 만큼 만족스럽다. 내가 봐도 신기할 정도로 발상이 탄력을 받아 춤을 춘다. 이런 날은 어떤 날일까? 내 생일? 국경일? 건강검진 결과 당장 죽을병은 안 보인다고 나온 날? 아니다. 내가 그 며칠 전부터 발상의 근육을 많이 괴롭혀, 뇌의 활발함이 최고조에 달한 날이다. 발상전환은 요행도 아니고 재치도 아니다. 어쩌다 운 좋게 당신의 발상이 로또 맞는 날은 오지 않는다. 차곡차곡 근육을 만들어 가야 한다. 인내가 답이다. 꾸준함이 답이다.

## 사례 1 - 8자를 관찰하다

글은 머리가 손을 시켜 쓰는 것이라고 한다. 그러나 나는, 글은 눈으로 써야 한다고 말한다. 관찰이 글을 만든다는 뜻이다. 눈으로 관찰하지 않고 머리로 쓴 글은 힘이 약하다. 울림이 약하다. 좋은 글은 좋은 눈에서 나온다고 단정해도 좋다. 내 눈이 쓴 글, 관찰이 만든 결과 몇 개를 소개한다.

우리는 흔히 팔자가 사납다, 팔자가 늘어졌다, 하면서 운명이라는 뜻으로 팔자를 사용한다. 칠자가 더럽다고 말하지 않는다. 구자가 폈다고 말하지 않는다. 그렇다면 운명을 뜻하는 팔자와 숫자 8이 특별한 관계가 있는 게 틀림없다.

확신을 갖고 8이라는 숫자를 손바닥 위에 올려놓았다. 뚫어지게 바라봤다. 그냥 바라본 게 아니라 8자를 뒤집어 보고 잘라 보고 눕혀 보고 입에 물어보기도 하면서 바라봤다. 그러자 어느 순간 8자가 뻥! 뚫렸다. 팔자와 숫자 8의 관계를 알아내는 순간이다. 나는 이를 〈8자의 의미〉라는 글로 세상에 내놓았다.

**8자의 의미**
가로로 자르면 0.
타고난 팔자란 없다는 뜻.
세로로 자르면 3.
누구에게나 세 번의 기회가 온다는 뜻.
눕히면 무한대.
그래서 당신의 성공 가능성은 무한하다는 뜻.

가로로 잘라 보고 세로로 잘라 보고 눕혀 보면서 발견한 팔자의 의미다. 8이라는 숫자를 한두 차례 쓰윽 훑어보는 것으로 이런 발견을 할 수 있었을까. 관찰하고 관찰하고 관찰해서 발견한 것이다. 운명을 이겨내는 인생의 지침 같은 이 글을 발상의 지침으로 활용해 줬으면 좋겠다(만약 당신이 남대문시장에서 골라! 골라! 손뼉 치며 물건 파는 아저씨들의 팔자정신을 여기에 더해, 세 가지 팔자를 등장시키는 글을 써낸다면 나도 멋져! 멋져! 하며 손뼉 쳐줄 용의가 있다).

### 사례 2 - 쉼표를 관찰하다

쉼표를 뚫어지게 바라보라. 뚫어질 때까지 바라보라. 뭐가 보이는가. 그냥 쉼표만 보인다? 책 그만 읽고 이제 좀 쉬어야겠다는 생각이 든다? 좋다. 쉼표 얘기가 나왔으니 조금 쉬어도 좋다. 읽기 싫은데 억지로 읽는 건 책에게도 실례니까.

그런데 당신이 어떻게든 쉼표에서 뭔가 발견하고 싶은 생각이 있다면 내 말대로 한번 해 보라. 그냥 막연히 바라보지 말고 쉼표의 생김새가 무엇을 닮았는지 생각하며 바라보라. 무엇을 닮았는가.

올챙이? 짝짝짝! 좋은 발견이다. 쉼표가 올챙이를 닮았다는 것을 발견하는 순간이 바로 뻥! 하고 쉼표에 구멍이 뚫리는 순간이다. 이제 당신은 쉼표와 올챙이, 이 닮은꼴 두 가지를 들고 글을 쓰든 노래를 만들든 그림을 그리든 하면 된다.

또 무엇을 닮았을까. 태아? 멋진 발견이다. 엄마 뱃속에서 태아가 웅크리고 있는 모습을 쉼표에서 발견했다면 당신의 관찰력은 수준급이다. 이제 관찰이 발견으로 뻥! 뚫렸으니 쉼표와 태아를 가지고 요리를 하면 된다. 쉼표가 정자를 닮았다고 느낀 사람은 쉼표와 정자, 이 둘을 들고 생각을 발전시키면 된다.

내가 쉼표에서 발견한 것은 숫자 9를 닮았다는 것이다(이 발견의 순간까지가 가장 중요하다. 이 순간까지 가능하면 많은 시간과 인내를 쏟아야 한다). 자, 이제 구멍은 뚫렸다. 이 발견을 어떻게 발전시켜 완성해야 할까.

　또 한 번의 고민이 필요하다. 이젠 쉼표와 숫자 9를 번갈아 보면서 이 둘을 하나로 묶어 줄 '최후의 생각'을 찾아내야 한다. 하지만 이 과정은 처음 쉼표에 구멍을 뚫을 때보다는 어렵지 않다. 생각해야 할 게 많이 좁혀졌으니까. 우주를 놓고 하던 고민이 서울시 송파구 오금동 오금성당 반경 3백 미터만 놓고 하는 고민으로 바뀌었으니까.

　그래도 당장 '최후의 생각'을 찾지 못하겠다면, 아이디어 노트에 '쉼표는 숫자 9를 닮았다'라고 적어 둬라. 시간을 두고 반복해서 보다 보면 절묘한 '최후의 생각'이 떠오르는 순간이 온다. 내가 찾아낸 최후의 생각은 '여유'였다. 쉼표와 숫자 9를 들고 여유가 얼마나 소중한 단어인지 써내려갔다.

### 쉼표

쉼표는 숫자 9를 닮았다.
1에서 9까지 열심히 달려왔다면
10으로 넘어가기 전에 잠시 쉬어가라는 뜻이다.
9에서도 잠시 머물지 않고
10, 11로 허겁지겁 달려가는 사람은
12는 구경도 못하고 지쳐 주저앉고 만다.
쉼표에 인색하지 마라.
쉼표를 찍을 줄 아는 사람만이 마침표까지 찍을 수 있다.

### 사례 3 – 스트레스를 관찰하다

이번엔 스트레스라는 단어를 관찰해 보라. 당신은 틀림없이 뭔가 발견할 수 있다. 물론 한눈에 발견하는 건 쉽지 않겠지. 힌트를 하나 주겠다. 조금 전 하이힐 얘기를 떠올려라. 리을이라는 받침의 발견, 그 생각을 그대로 가져와 스트레스를 관찰해 보라. 자, 이제 보이는가? 네 글자 모두 받침이 없다는 것을 발견했는가? 훌륭한 발견이다. 이제 당신은 받침이 하나도 없어, 즉 아래에서 받쳐주는 게 없어 늘 추락을 걱정하며 산다는 의미로, 그래서 심신이 안정적이지 못하다는 의미로 스트레스라는 단어를 풀어낼 수 있을 것이다. 오늘이 아니면 내일이나 일주일 후쯤. 아니면 6개월 후쯤. 이 발견을 버리지 않고 붙들고만 있다면 언젠가는.

내가 스트레스라는 네 글자에서 발견한 건 뭐냐고? 첫 글자와 끝 글자가 같다는 것, '스'로 시작해서 '스'로 끝난다는 것이다. 이제 해석만 잘 붙이면 된다. 내가 붙인 해석과 당신이 기대한 해석이 과연 같은지 확인해 보라.

스트레스

'스'로 시작해서 '스'로 끝난다. 출발점과 종점이 같다. 스트레스가 시작된 지점에 스트레스를 끝내는 방법이 있으니, 빙빙 돌아가지 말고 스트레스가 시작된 지점을 찾아가 정면으로 부딪치라는 뜻이다.

지금 스트레스가 쌓여 있는가. 그 스트레스가 어디에서부터 출발했는지 찾아라. 그곳에 해결방법이 있다. 부장에게 야단맞고 죄 없는 말단사원 들들 볶지 마라. 스트레스 해소에 도움이 되기는커녕 보너스 스트레스가 더 생긴다.

이 책을 읽으며 스트레스가 쌓이고 있다고? 나는 왜 이런 발상을 못했을까, 하는 생각 때문에 스트레스가 상승곡선을 긋고 있다고? 그렇다면 정철이 스트레스의 주범이라는 얘기니까 정철과 정면으로 부딪치면 된다. 만나자고? 급하시긴. 또 하나의 정철인 이 책과 더욱 빡세게 부딪치라는 얘기다.

### 사례 4 – 알파벳을 관찰하다

관찰 하나 더. 이번엔 알파벳 두 글자를 들고 왔다. A와 H. 이제 두 글자를 번갈아 관찰해 보라. 둘 사이엔 어떤 유사점이 있는지, 어떤 차이점이 있는지. 아무 생각이 안 난다고? 그래서 그냥 요 아래에 내가 주는 답이 분명 있을 테니 그것을 받아먹으러 가겠다고? 스톱!

일단 당신의 머리에 스스로 꿀밤을 한 대 먹인 후 이 장의 맨 앞 페이지로 다시 돌아갈 것. 그리고 이 장의 제목을 다시 확인할 것. (십여 페이지 앞쪽까지 다녀올 만한 시간이 갔다 치고) 갔다 왔는가? 그럼 이제 참을 자세가 되었다는 것을 믿겠다. 자, 두 눈에 힘을 주고 다시 관찰을 시작하라.

보이는가? 보인다. 틀림없이 보인다. A와 H는 비슷하게 생겼는데 양쪽 막대기 윗부분만 조금 다르다. 하나는 붙었고 하나는 떨어져 있다는 게 당신의 눈에도 보인다. 그렇다면 H의 양쪽 막대기 끝부분이 조금만 휘어져도 A로 변신하겠지. 그래, 방금 당신은 뺑! 소리를 들은 것이다. 잘했다.

이제 이 발견을 어떤 '최후의 생각'으로 풀어낼까 고민해 보라. 휘어진다는 것을 눈여겨보며 찾아야 할 것이다. 갈대가 바람에 휘어지는 모습을 떠올리면서 여자의 마음이라는 '최후의 생각'으로 풀 수도 있을 것이고, 마술사 유리겔라의 휘어진 숟가락을 떠올리며 초능력을 '최후의 생각'으로 풀 수도 있을 것이다. 대나무를 휘어 만든 활을 떠올리며 인간이 만든 최종병기를 '최후의 생각'으로 고려해 볼 수도 있을 것이다. 이땐 아무래도 평소에 내가 관심을 갖고 있는 친숙한 쪽으로 생각을 가져가는 게 좋다. 그래야 조금이라도 부드럽게, 조금이라도 억지스럽지 않게 발전시킬 수 있다.

나는 휘어지는 모양에서 사람이 허리 굽혀 정중하게 인사하는 모습을 떠올렸다. 그래서 이를 겸손이라는 '최후의 생각'으로 가져갔다.

**알파벳에게 배우는 겸손**

H가 A에게 물었다.
어떻게 하면 너처럼 맨 앞에 설 수 있니?
A가 대답했다.
평행선을 긋고 있는 너의 양쪽 세로막대에게
서로를 향해 머리를 숙이라고 해 봐.
어때, A가 됐지?
맨 앞에 서는 방법은 겸손이야.

알파벳을 관찰했으니 한글도 하나 관찰해 보자. 봄이라는 단어를 딱 1분만 들여다보라. 봄 하고 가장 닮은 한 글자를 찾아내라. (역시 1분이 지났다 치고) 몸이라는 단어가 보였는가? 됐다. 당신은 지금 내 진도를 아주 잘 따라오고 있다. 이제 당신과 내가 똑같이 발견한 봄과 몸을 가지고 내가 어떤 요리를 했는지 즐겨 보시라.

**봄**

몸이 두 팔을 위로 뻗은 모양.
봄은 움츠러들었던 몸이 기지개를 켜는 것으로 시작된다.

참 ◁ 여러 개의
안경을
마련하라

### 365개의 새로운 발견

몇 년 전《학교 밖 선생님 365》라는 책을 썼다. 선생님은 학교 안에만 있는 게 아니라, 우리 주위의 모든 사물이 선생님이 될 수 있다는 것을 증명하는 책이다. 어떤 사물이든 집요하게 관찰하면 그것에서 가르침 하나쯤은 발견할 수 있다는 것을 보여 주는 책이다. 하루에 한 명씩, 1년 동안 365명의 선생님을 만나는 책이다.

그런데 이 책을 쓰면서 조금 힘들었다. 365개라는 글의 수가 조금은 부담이 되었다. 그래서 그 전 책 쓸 때와는 조금 다른 방법을 택했다. 그것은 내가 관찰해야 할 것들을 미리 다 모아놓고 시작하는 방법이었다. 관찰할 대상들의 목록을 만들어 그것들을 하나씩 핀셋으로 집어 올려 관찰하는 방법이었다. 그냥 그때그때 떠오르는 발상을 글로 옮긴 것이 아니라, 요놈 요놈 요놈은 선생님으로 임명해야지, 정해놓고 접근한 것이다. 조금 쩨쩨하고 잔머리 같은 느낌이 없지는 않았지만, 집중력을 높이기 위해 내가 선택할 수 있는 최선의 방법이었다.

그릇, 안개, 난로, 바위, 전봇대, 식빵, 못, 게, 포도, 인형, 이력서 등의 사물과 점심, 거짓말, 소리, 직업병, 친구, 하느님, 사투리, 밤, 청혼 등의 단어들이 더해져 총 365개의 선생님이 내 손바닥 위에 올려졌다. 그러자 막연한 발상에서 조금 구체적인 큰 그림을 놓고 하는 발상으로 바뀌었다. 언제 365개를 다 채우지,

하는 부담이 조금은 줄었다. 양파, 마늘, 된장, 소금, 후추, 두부, 쇠고기 등의 재료를 미리 다 마련해 놓았으니 이제 요리만 하면 된다는 생각으로 바뀐 것이다.

그리고 또 한 장의 종이엔 사물이 아니라 사물에서 내가 발견하고 싶은 주제들을 잔뜩 써내려갔다. 때를 기다려야 하는 이유, 사랑이 필요한 이유, 욕심을 내려놓는 법, 외로움과 친해지는 법, 불가능에 도전하는 법, 실패하고 웃는 법, 내일을 앞당기는 법, 상쾌한 아침 맞는 법, 청춘의 위대함, 이 책을 보는 법…. 이 두 장의 종이를 나란히 놓고 사물 하나와 주제 하나를 연결해 갔다. 옆으로 걷는 '게'와 '사랑이 필요한 이유'가 만나 선생님 한 명이 탄생했다.

게

외로운 게지.
외로우니까 옆으로 걷는 게지.
옆에 아무도 없으니까 옆으로 걷는 게지.
사랑이 옆에 있다면 옆으로 걸을 리 없는 게지.
그의 발을 밟을 수도 있으니 옆으로 걸을 수 없는 게지.
앞으로 걷기 위해서라도 당신 곁엔 사랑이 있어야 하는 게지.

'이력서'와 '청춘의 위대함'도 만났다.

▼

이력서
학력도 지우고 경력도 지우고 자격증도 지우고 사진은 떼서 던져 버리고 대문짝만 한 크기로 딱 두 글자만 적어 넣는다.
청춘.
이렇게 가능성이 무궁무진한 사람이 입사원서를 내밀었다는 사실만으로도 회사는 감격해 울면서 이렇게 답할 것이다.
충분.

이렇게 짝짓기 하듯 하나하나 연결해 무려 365명의 선생님이 근무하는 매머드 학교, 학교 밖의 학교를 설립할 수 있었다. 이 학교엔 편입이나 특례입학 같은 게 없다(선생님들을 만나고 싶으면 책을 사는 수밖에 없다). 어쨌든 나는 관찰이 발견을 낳는다는 믿음을 365번씩이나 확인했다. 정말 뚫어지게 관찰하면 뚫릴까, 하는 의심의 눈길로 이 책을 읽고 있는 당신! 내가 365번씩이나 확인한 거라니까.

### 관찰의 왕국

블로그에 동물의 왕국이라는 시리즈를 연재한 적이 있다. 우

좋은헤어지는법
둘가하자않는법
첫눈에 반하는법
실패를두려워하지않는법
때배를 인정하는법
~~성공하는 법~~
천천히 사랑하는법
돈버는법
돈쓰는법
좋은 옥우 되는법
아이에게 배우는것
하느님의 가르침
세상을 감동시키는법
말 거는 법
오래 기억하는 법
~~아 가는법~~
대기억하는법
~~사습우겨하는법~~
마음 나누는법
~~실패하고 웃는법~~
삶에 빠지는법
그개를 끄덕이는법
~~외면서는법~~
거꾸로 가는법
~~외로움과 친해지는법~~
헤어진사람 다시 만나는법
가난해지는법

오랜만에 과거는법
선 대로 사는 법
거짓말하지 않는 법
~~비밀많아는 법~~
오늘을 사는법
친구 사귀는법
짜투리 시간 사용법
~~그리움 돌아가는법~~
고개숙이는 법
믿고속는 법
울면서 웃는법
눈물 흘리는법
~~새로운 사람만나는법~~
무언가 바라는 법
무지개 만드는법
~~아빠 .. 오빠~~
~~어깨에서 사람나는법~~
~~비틀어지는 법~~
인사 사용법
손등에서 은은 ~~리해~~
이책을 보는법
행복해지는 법
~~크리스마스 준비해서는법~~
위로하는법
삶을 함께 사는 법
상대편아픔 맞는법
최선을 다하는법
그리워하는 법

저축하는 법
~~좋은~~
배려 숨 참기는법
마음 쓰다듬는법
상처에 반창고 붙이는법
기회를 잡는법
마음 여는 법
서두르지 않는법
~~쉬해보는 법~~
나눗셈 잘하는법
숨쉬는 법
욕심내려놓는 법
욕법으로 사는법
답을 구하는 법
~~변신하는 법~~
변하지 않는법
생각하는법
~~나를 사랑하는 법~~
~~나를 도움~~
나를 사랑하는 방법
남을 칭찬하는
나이는 숨지 않는 법
그림으로 말하는 법
결혼해 성공하는 법
이론이 실패하는 법
가족의 의미
같이 웃는 법
후회하지 않는 법
정리하는 법
~~포기해지는 법~~
나를지도 잘내로
지구 사는 법

리 주위에 있는 동물이나 곤충들을 하나하나 관찰하여 쓴 글들이다. 시리즈 제목은 동물의 왕국이었지만 내용으로 보면 관찰의 왕국인 셈이다.

달팽이가 느리게 움직이는 것을 관찰하다가 튀어나온 글, 불가사리의 생김새를 관찰하다 끄집어낸 글, 하루살이의 인생을 곰곰이 생각하다 발견한 글, 한국 축구가 월드컵 16강에 오른 날 치킨 뜯어 먹다 잡아낸 글, 늘 부지런히 움직이는 개미에게 충고 한마디 하고 싶어 내뱉은 글, 계절이 여름에서 가을로 바뀔 때 그러니까 가수가 매미에서 귀뚜라미로 바뀔 때 내 귀에 들려온 글…. 이런 글들로 시리즈를 연재했다. 모두 다 관찰의 결과들이다. 여섯 개의 글을 들고 왔으니 어떤 글이 어떤 동물에 해당하는지 연결 지으며 관찰해 보라.

- 헤비메탈은 끝났다. 이제 재즈다.
- 별똥별이 바다에 떨어지면 불가사리가 된다.
  밤하늘의 별을 볼 수 없는 날, 온 세상이 공해로 뒤덮여 버리는 날, 아이들에게 별을 설명해 주려고 별의 모습을 간직하고 있다.
- 좀 쉬자.
- 너는 세상에 태어나서 단 한 번도 빨리 달려 본 적이 없는데, 빨리 달려 가봤자 그곳에도 별 게 없다는 것을 어떻게 알았니?

- 꼭끼오! 꼭 낄 줄 알았다. 16강에.
  그나저나 대한민국 치킨들에게 한 번 더 미안해야겠다.
- 하루살이도 멋진 오후를 꿈꾼다.

답을 가르쳐 주고 연결하라니 너무 쉽지 않나? 이렇게 독자의 자신감까지 챙겨 주려고 애쓰는 작가, 어디서 또 만날 수 있겠나. 운 좋은 줄 알아. 어쨌든 동물의 왕국을 구경하고 아하, 이런 느낌! 이런 접근! 이라는 말이 당신도 모르게 입에서 튀어나왔다면 당신만의 동물의 왕국을 만들어 보라. 호랑이, 사자, 독수리 같은 힘센 놈들로.

### 통찰력을 손에 쥐는 법

관찰. 사물의 있는 그대로의 현상을 주의 깊게 살펴봄.
통찰. 꿰뚫어 봄.

국어사전에 올라있는 두 단어의 뜻풀이다. 사물을 주의 깊게 살피다 보면 뻥! 뚫리는 순간이 온다고 입에 불이 나도록 강조했다. 그것이 바로 통찰력, 꿰뚫는 힘이다.
관찰은 통찰이라는 놀라운 능력을 당신에게 선물한다. 이제 통찰력이 뛰어난 사람을 부러워할 필요도 없고, 통찰력을 키우려고 따로 과외 받고 학원 다닐 필요도 없다. 관찰만으로도 충분히 통찰을 얻을 수 있다. 사물이나 현상을 뚫어지게 바라보면 그것들이 당신에게, 너 내 이야기를 듣고 싶은 거로구나, 뭐가 궁금하니? 하면서 이야기를 풀어놓기 시작한다. 그들이 어떻게 살아왔는지, 어떤 고민이 있는지, 어떤 꿈을 꾸고 있는지, 아주 조금씩 나누어서 이야기를 들려준다.

인내라는 주문을 외우며 그 이야기를 끝까지 듣는 사람은 그 사물이나 현상을 깊이 이해할 수 있어 통찰력이 생긴다. 물론 아주 조금씩 나누어서 들려주므로 그들의 이야기를 끝까지 다 듣지 않고 귀를 닫아 버리는 사람은 통찰할 수 없다.

샴푸를 관찰했다. 샴푸는 내게 많은 이야기를 해 주었다. 자신이 왜 이 세상에 태어났는지, 처음 욕실에 들어갈 때 비누라는 친구와 어떻게 지냈는지, 나중에 린스라는 친구가 욕실에 들어왔을 때 그를 어떻게 대했는지. 나는 그 이야기를 끝까지 다 들었다. 샴푸의 인생과 내 인생을 번갈아 생각하며 들었다. 그러자 내 나름대로 샴푸를 통찰할 수 있었다.

**샴푸**
비누가 지배하던 욕실에서
샴푸가 한자리 차지할 수 있었던 건
자신만의 전문분야를 확실하게 보여 줬기 때문이다.

누군가를 그대로 흉내 내서는 내 자리를 갖기 어렵다.
샴푸가 지배하던 욕실에서
린스가 한자리 차지할 수 있었던 건
샴푸의 일을 빼앗지 않고 도와줬기 때문이다.
누군가를 쓰러뜨려야 내 자리가 생기는 것은 아니다.

장미에게는 내가 먼저 말을 걸었다. 너는 참 아름다운데 왜 그 아름다운 몸에 가시를 달고 있니? 장미는 아무 말 없이 그냥 웃기만 했다. 묻지 말고 내가 왜 가시를 달고 있는지 네가 생각해 봐, 하는 표정으로. 자존심이 살짝 상했지만 얼굴값 한다고 쳤다.
나도 말없이 그녀를 바라보았다. 그녀와 나는 눈싸움을 하듯 서로를 바라보았다. 내가 웬만해서는 눈을 감을 것 같지 않다는 판단을 해서인지, 그녀는 졌다 하는 표정으로 입을 열었다. 나는 귀를 열었다. 그녀는 가시 돋지 않은 순한 어조로 왜 가시를 달고 있는지 내게 이야기해 줬다. 관찰이 그녀를 이긴 것이다.

**장미에 가시가 달린 뜻**
장미는 아름답다, 라는 말은
장미에 달린 가시까지 아름답다는 뜻입니다.
그게 아니라면
장미의 일부는 아름답다, 라고 했을 것입니다.
인생은 아름답다, 라는 말은

▼

인생에 딸린 고통까지 아름답다는 뜻입니다.

관찰 그리고 통찰. 관과 통. 관통. 사물을 꿰뚫는 힘. 나는 내 관찰이 통찰로 이어지고 있다는 믿음을 갖고 사물을 꿰뚫어 갔다. 내 발바닥도 내 시선을 피해 갈 수 없었다.

발바닥은 폭이 좁다.
남을 밟고 일어서면 내가 추락한다.

땀과 침을 관찰해 보라. 땀을 흘리며 땀을 관찰하고, 침을 흘리며 그 관찰이 통찰로 이어지는 순간을 견뎌 보라. 땀과 침이 합창하듯 당신에게 이런 이야기를 들려줄 것이다.

**썩지 않기**

땀에는 소금기가 있다. 그래서 땀은 썩지 않는다. 그래서 땀을 흘리는 사람은 썩지 않는다. 그러나 남이 흘린 땀을 가로채려고 침만 흘리는 사람은 결국 썩고 만다. 침에는 소금기가 없다.

당신은 지금 땀을 흘리고 있는가, 침을 흘리고 있는가. 내가 땀 흘려 만들어 낸 결과들을 그냥 한번 훑어보는 것으로 그것들이 당신의 머릿속에 장착되기를 기대한다면 침만 흘리는 것. 책을 덮는 것으로 그치지 않고 생활과 그 쌍둥이 동생인 생각을 비틀어 보려고 노력한다면 제대로 땀을 흘리는 것. 부디 실망시키지 말 것.

### 100개의 눈으로 바라보라

공원이나 유원지에서 볼록거울, 오목거울 앞에 서 본 적 있겠지. 당신이 기린으로 돼지로 변신하는 것을 보며 깔깔 웃은 적 있겠지. 안경도 마찬가지다. 돋보기안경, 졸보기안경, 색안경, 렌즈에 금이 간 안경, 렌즈가 없는 안경…. 어떤 안경을 쓰고 관찰하느냐에 따라 보이는 게 달라진다. 다양한 발견을 하고 싶다면 여러 개의 안경을 미리 마련한 뒤 관찰을 시작하는 것이 좋다. 바로 관점 이야기다(관찰만큼 관점도 중요하다).

지금 당신이 들고 있는 이 책은 당신의 관점에서 보면 지식과 지혜와 감동을 주는 고마운 친구다. 내 관점에서 보면 내게 밥값과 술값과 담뱃값을 주는 고마운 친구다. 하지만 관점을 달리 해서, 입장을 달리 해서 바라보면 그다지 고맙지 않은 친구일 수도 있다.

손의 입장에서 보면 책은 무거운 짐이다. 출판사 편집자나 도서관 사서의 입장에서 보면 끝도 없는 일이다. 세종대왕의 입장에서 보면 보람이다. 글을 모르는 갓난아이의 입장에서 보면 그냥 두꺼운 네모다. 나무의 입장에서 보면 사후 세계다.

▼

이렇게 다양한 관점으로 들여다볼 때 관찰의 힘은 더 커진다. 모든 사물에 눈이 달려 있다 믿고, 그 눈들을 총동원하여 관찰하라. 자, 여기 칼이 있다. 당신이 쓸 수 있는 여러 개의 안경을 모두 다 쓰고 칼을 관찰해 보라.

**칼**

의사의 손에 들려 있으면 긴장.
강도의 손에 들려 있으면 공포.
주부의 손에 들려 있으면 기대.
중요한 건 성능이 아니라 칼끝이 향하는 방향.
얼마나 빨리 가느냐가 아니라 어디로 가느냐.

사람은 땅 위에 하느님은 하늘 위에. 이 두 사람은 정반대 방향에 위치해 있다. 정반대의 관점을 가졌다. 하늘에서 내리는 비를 이 두 사람의 관점에서 살펴보면 정반대의 동사를 사용해야 한다.

**悲**

비가 온다.
이것은 사람의 입장.
비가 간다.
이것은 하느님의 입장.

입장의 차이,
어떻게 극복할까?
대화,
토론,
절충,
그리고 결론.
비는 내리는 것으로 한다.
사람도 하느님도
비의 입장은 들으려 하지 않는다.
비가 운다.

### 가르치지 않고 가르치는 법

   나는 프리랜서다. 무소속 카피라이터다. 혼자 생각하고 혼자 일하고 혼자 먹는다. 외로움과 친해지는 법을 조금은 안다. 어떤 일이든 프리랜서로 일하려면 이 외로움을 잘 관리해야 한다.
   프리랜서와 외로움. 이 두 단어를 입 밖으로 내보내고 나니 내 선배 이야기를 하지 않을 수 없다. 그는 프리랜서로 독립하고 얼마 후 혼자 식당을 찾았다고 한다(프리랜서는 특히 혼자 밥을 잘 먹어야 한다). 적당한 솔로 메뉴 하나를 시키고 앉아 있는데 옆자리 사람들이 삼겹살을 지글지글 굽고 있는 게 아닌가. 왜 그런

▼

지 갑자기 고기가 너무 먹고 싶어졌다고 한다. 하지만 대낮부터 혼자 삼겹살 구워 먹는 자신의 모습을 상상하니 도저히 용기가 나지 않았다고 한다. 귀를 막고 눈을 감았다고 한다. 계산은 전부 제가 할 테니 같이 먹으면 안 될까요, 라는 말이 목구멍까지 나왔다 도로 들어갔다고 한다. 당신이 만약 프리랜서를 꿈꾼다면, 옆자리 삼겹살 힐끔힐끔 쳐다보는 모습이 미래의 내 모습이다, 라고 생각하면 된다.

다시 내 이야기. 나는 프리랜서지만 지금보다 일이 몇 배 많던 시절엔 나 혼자 그 일을 다 받아낼 수 없었다. 그래서 새끼 카피라이터를 키웠다. 새끼 카피라이터 뽑는 기준은 딱 두 가지. 카피를 잘 쓸 것, 여자일 것. 여자여야 하는 이유는 그림이었다. 조그마한 오피스텔에 하루 종일 두 사람이 나란히 앉아 있는데, 그게 시커먼 남자 둘이라고 생각해 보라. 그림이 안 된다. 그래서 무조건 여자였다.

여자는 내게 배우는 게 없었다. 겸손이 아니라 실제로 나는 아무것도 가르치지 않았다(사실 나는 지금도 카피라는 게 가르치고 배워서 될 일은 아니라고 생각한다). 당시엔 한 달에 한두 건은 경쟁 프레젠테이션에 용병으로 참여했다. 나는 일을 받아 와 여자에게 이번엔 대우증권이라고 말한다. 받아온 브리프를 던져 주며 복사해서 하나 가지라고 한다. 그것으로 끝이다.

여자와 나는 각자 자신의 책상 앞에 앉아 아이디어를 찾고 카피를 만든다. 다음 날 또는 그 다음 날. 나는 두 사람의 작업을

참

나란히 놓고 그 중 쓸 만한 놈들을 골라 내게 일을 준 곳으로 향한다. 여자는 홀로 남아 내가 쓴 카피를 찬찬히 살핀다. 자신이 쓴 카피와 내 카피를 비교해 가며. 자신이 쓴 카피 중 어떤 놈들이 살아남아 내 손에 들려갔는지도 확인한다(대개는 하나도 살아남지 못했다는 사실을 확인한다). 관찰이다. 내 카피를 여자의 눈앞에 던져두고 자리를 비우는 것이 내 가르침의 전부였다.

내가 이래라 저래라 하지 않았음에도 불구하고, 6개월만 지나면 여자의 아이디어와 카피는 모두 나의 그것들을 닮아간다(그래야 내가 잘 썼다 하고, 살아남아 내 손에 들려 가는 카피도 있을 테니까). 여자는 1년 6개월에서 2년쯤 내 곁에 붙어 있다 큰 광고대행사로 자리를 옮긴다. 그러면 나는 또 여자를 뽑고, 시간이 지나면 또 여자를 대행사로 보내고, 그것을 반복했다. 여자는 자리를 옮긴 후에야 자신이 박봉에 지독히 많은 일을 해왔다는 것을 알게 된다(신입 카피라이터가 청소나 라면을 끓이는 게 당연한 일이 아니라는 것도 알게 된다). 분하지만 2년차 카피라이터가 5년차 같다는 말을 듣는 것으로 위안을 삼는다. 귀로 듣는 가르침보다 눈에 넣어 주는 관찰이 더 큰 가르침이었을 것이다. 여자들은 지금 나보다 더 잘 나가는 카피라이터가 되어 있다.

가르치지 않고 가르친다. 내가 그렇게 가르친 건 나에게 그렇게 가르쳐 주신 분들이 있었기 때문이다. 신입사원 정철로 돌아가 보자. 20대 정철의 그 풋풋했던 시절로. 군복 물들인 야상 하

▼

나로 겨울을 났던 그 시절로.

우리 팀 창가 쪽 구석엔 우리나라 카피라이터의 대부 이낙운 선생님이 앉아 있었다. 만약 선생님이 카피라이터라는 직업을 세상에 알리는 데 미치지 않았더라면 사람들은 아직도 카피라이터를 복사쟁이 정도로 이해하고 있을 것이다.

선생님은 '흔들어 주세요!'라는 써니텐 카피 한 줄로 유명한 카피라이터였는데, 내가 한 팀에서 그 분을 모실 수 있었다는 건 영광이었고 행운이었다. 그런데 선생님은 무늬만 선생님이었다. 내게 교육이라는 걸 해 주신 적이 없었다. "정철 씨, 이거 한 번 생각해 보소. 나 먼저 갑니다." 하며 때 묻은 고물 가방을 들고 사라지면 그만이었다. 다음 날, 구석 원고지에 굵은 몽블랑 만년필로 내려쓴 육필 헤드라인 한 줄. 그것을 툭 던지는 것이 내게 해 준 교육의 전부였다. 나는 그 한 줄을 들고, 그것이 교과서이고 참고서이고 자습서이고 문제집인 양 혼자 뚫어지게 바라보면서 가르침을 받았다.

카피라이터는 카피로 말해야 한다. 회의실에서 회의를 주도하며, 즉석에서 칠판에 헤드라인을 내뿜는 카피라이터(무슨 즉석구이도 아니고)도 있지만, 나는 말 잘하는 카피라이터보다 카피로 말하는 카피라이터를 더 좋아한다.

이낙운 선생님과 함께 1세대 카피라이터로 꼽히는 김태형 선생님. 당신은 60을 훨씬 넘긴 후에도 직접 카피를 쓰신 영원한 청년 카피라이터였다. 선생님을 한 광고대행사 회의실에서 만난 적이 있다. 꽤 큰 경쟁 프레젠테이션이었을 것이다. 회의는 뜨거웠고 진지했다. 자신의 논리를 방어하고 상대의 논리를 공격하는 말의 성찬이 쏟아졌다. 하지만 잡힐 듯 잡히지 않는 그 무엇. 사람들은 애가 탔다.

그때 묵묵히 얘기를 듣고 있던 선생님이 가방에서 종이 한 장을 꺼내어 회의 탁자 한 가운데로 슬며시 내민다. "나는 이런 걸 생각해 봤는데…." 거기엔 슬로건 한 줄. 그동안 진지하게 뜨겁게 오갔던 설전이 조용히 마무리되는 순간. 그 슬로건 한 줄에 모든 사람들의 고민이 다 녹아 있는 게 아닌가. 모두들 감탄사. 그리고 또 하나의 대안을 찾아 다시 설전. 다시 한동안 지켜보는 선생님. 다시 내미는 종이 한 장. "그래서 이런 것도 생각해 봤는데…." 그것으로 끝.

나는 배웠다. 카피라이터가 무엇을 해야 하는지 배웠다. 선생님들의 힘을 배웠다. 가르쳐 주시지는 않았지만 배웠다. 내가 아는 딱 그만큼만 넌 따라오면 돼! 그러니까 너는 내가 주는 대로 받아먹어! 이런 가르침을 앞세우는 선배가 내 위에 있었다면, 나는 지금의 내가 되지 못했을 것이다. 의문이 사라질 때까지 보고 또 보는 습관, 말로 해결하려 들지 않고 뚫어질 때까지 관찰하는 습관은 그때부터 비롯된 것이지 싶다.

가르치지 않고 가르쳐 주신 두 분 선생님. 덕분에 나는 내가 게을러서 교육을 하지 않는 것을 가르치지 않고 가르친다는 것으로 포장할 수 있었다. 내게 귀한 핑계를 주신 선생님들에게

▼

고맙다는 진심의 인사를 드리고 싶다.


### 단어 하나로 하루를 살아라

　이런 방법도 한번 생각해 보라. 매일 매일 오늘의 키워드를 정한다. 아침에 집을 나서며 오늘의 키워드는 향수다, 유재석이다, 별이다, 논개다, 이렇게 단어 하나를 선택한다. 그리고 하루 종일 그 단어 하나만 집요하게 관찰한다.. 하루 종일 단어 하나를 머릿속에 넣고 그것이 빠져나오지 않게 양손으로 머리를 감싸고 다니는 것이다.
　예를 들면 이렇게. 오늘의 키워드는 누나. 자, 이제 당신은 하루 종일 당신의 누나를 떠올리며 누나에 얽힌 기억들을 되살려 낸다. 누나가 없는 사람은 없는 대로 누나가 없어서 아쉬웠던 기억들을 떠올려 낸다. 내게 누나가 있었으면 어떤 이름이었을까 상상해 본다. 지하철에선 울리지도 않는 카톡 자꾸 확인하지 말고 누나로 이행시를 지어 본다. 이행시가 재미없으면 누우나로 삼행시를 지어 본다. 점심 메뉴는 누나가 가장 좋아했던 음식으로 시킨다. 포털사이트에 들어가 누나를 치면 어떤 콘텐츠들이 먼저 뜨는지 살펴본다. 누나의 연관어로는 어떤 것들이 있는지 관찰한다. 누나라는 단어가 제목이나 노랫말에 들어가는 노래를 하루 종일 흥얼거린다. 누나의 반대말을 오빠나 형님이

나 동생이 아닌 오! 소리 나는 오답으로 찾아본다. 회의실에서 아이디어를 내야 한다면 누나를 가지고 아이디어를 내려고 애써 본다. 누나 얼굴을 떠올리며 말도 안 되는 초상화 또는 상상화를 그려 본다. 술집에서 친구들을 만난다면 오늘 술안주는 누나로 하자고 제안해 본다. 그 자리에서 나오는 모든 이야기들을 누나라는 관점에서 재해석해 본다(이거, 생각보다 재미있다). 잠들기 전엔 지금 이 순간 누나에게 딱 한마디 한다면 어떤 말을 할지 생각해 본다.

조금 억지 같아도 좋다. 시도해 보라. 하루 이틀 당신의 머리를 거쳐 간 키워드가 늘수록 생각하는 힘이 쌓일 것이다. 관찰하는 방법이 더욱 효율적으로 바뀌고 훨씬 더 세련되어질 것이다. 1년에 365개의 키워드를 갖고 놀아 본 사람과 그렇게 하지 않은 사람은, 1년 후엔 내공의 차이가 서울에서 부산 거리만큼 벌어져 있을 것이다.

생각이 떠오를 때를 기다려 관찰하는 게 아니라 억지로라도 관찰하는 습관을 강요해야 한다. 그래야 아이디어가 손에 잡힌다. 그래야 아이디어의 빈곤에서 탈출할 수 있다. 포기하고 싶은 그 순간에 조금만 더 가 보라. 인내는 쓰지만 그 열매는 달다(이런 식상한 말을 해서 미안하다). 달콤함을 기대하며, 오늘 당신의 키워드는 사탕 어떤가.

자

**발상전환의 요령 1**
점심은 굶어도
호기심은 굶지 마라.
뇌고픈 사람이
배고픈 사람보다
불쌍하다.

물

호기심
1인분
주세요

### 세상에서 가장 멋진 한 글자

새로운 발상을 하겠다는 사람에게 가장 어울리는 한 글자, 가장 도움이 되는 한 글자는 무엇일까. 돈도 꿈도 힘도 술도 아니고, 그것은 바로 왜? 라는 한 글자다. 가장 짧지만 가장 긴 생각을 하게 만드는 질문, 가장 깊은 생각을 하게 만드는 질문이 바로 왜? 라는 한 글자다.

이제 발상전환의 요령 또는 방법 네 가지를 차례로 풀어놓겠다. 그 첫 번째가 '묻자'다. 늘 왜? 라는 물음표를 입에 달고 다니라는 얘기다. 시도 때도 없이 여기저기에 물음표를 붙이고 돌아다니라는 얘기다. 바로 호기심이다. 호기심을 갖는 사람만이 새로운 생각을 떠올릴 수 있다는 사실을 우선 명심할 것.

호기심을 가지면 궁금한 게 많아진다. 궁금한 게 많아지면 자꾸 묻게 된다. 남에게 물어도 좋고 자신에게 물어도 좋다. 그 질문에 대한 대답을 생각하는 과정에서 새로운 생각이 탄생한다. 엉뚱한 질문, 괴팍한 질문, 남들이 잘 하지 않는 질문, 질문 같지 않은 질문일수록 더 좋다. 물음표를 붙이고 다닌 딱 그 시간과 거리만큼 당신은 오! 하는 오답을 얻는다.

만약 당신의 머릿속에 호기심이라는 게 없다면, 자주 사용하지 않아 이미 퇴화되어 버렸다면, 당장 정육점으로 달려가라. 그리고 호기심 1인분 주세요! 라고 말하라. 정육점 주인은 당신 주위를 빙빙 돌며 호기심 가득한 눈으로 당신을 바라보겠지. 안심도 등심도 아닌 호기심은 또 어떤 부위일까. 그때, 맞아 나도 저런 눈을 가진 적이 있었어! 하는 말이 당신의 입에서 튀어나온다면 일단 호기심쇼핑 성공. 이제 당신이 그 정육점 주인의 눈으로 누군가의 주위를 빙빙 돌면 된다.

### 왜 두통약을 입에 털어 넣을까?

우리는 머리가 아프면 두통약을 찾는다. 그리고 그 두통약을 한 모금 물과 함께 입에 털어 넣는다. 모두가 그것이 진리인 양 그렇게 한다. 그런데 나는 조금 엉뚱한 호기심을 가진 적이 있다. 머리가 아프면 머리에 두통약을 넣을 것이지, 왜 머리와 꽤 거리가 있는 입에 넣을까? 머리에 바로 쑤셔 넣으면 즉효일 텐데.

왜 그럴까? 왜 그럴까? 왜 그럴까? 이렇게도 생각해 보고 저렇게도 생각해 보면서 내 호기심을 만족시켜 줄 답을 찾으려 했다. 미친놈! 그때의 나를 누가 하루 종일 따라다니며 관찰했다면 이렇게 한마디 했겠지. 두통약을 머리에 집어넣는다고? 머리 두께가 얼만데. 오죽 할 일이 없으면 저런 말도 안 되는 데 머리를 쓸까, 하면서 혀를 끌끌 찼겠지. 그런 사람에겐 이렇게 말해 주고 싶다. 당신도 저만큼 할 일이 없으시군요. 남의 일에 혀 사용하지 마시고 사탕이나 빨아 드시지요.

그렇다. 그런 사람은 내 이야기를 듣지 않으면 된다. 당신도 같은 생각을 했다면 이쯤에서 조용히 책을 덮으면 된다. 미친놈의 미친 짓을 보고도 호기심이 솟지 않는 사람이라면, 그 사람 붙잡고 이야기하는 내가 무슨 재미가 있겠는가. 미친놈은 미친놈 하고 이야기해야 말이 통한다. 아직 책을 덮지 않았다면 당신은 미친놈이 될 자격이 있거나 이미 미친놈이다. 계속 가 보자.

내 엉뚱한 호기심은 마침내 오답을 찾아냈다. 내가 찾은 답은 〈타이레놀〉이라는 글로 완성되었고, 꽤 많은 사람들의 입에 오르내렸다. 하지만 아직 의학계에서만은 반응이 없다. 나는 의사, 약사들의 이 같은 무반응을 위대한 발견에 대한 질투라 믿고 있다.

**타이레놀**
우리의 머리가 아픈 이유는 입 때문이다.
입의 잘못 때문에, 입의 실수 때문에
머리가 아픈 것이다.
그래서 우리는 두통약 타이레놀을
머리에 넣지 않고 입에 털어 넣는다.

우리에게 골치 아픈 일이 생기는 건 모두 입 때문이다. 그 말만은 하지 말았어야 했는데 너무 화가 나서 입 밖으로 내보내 버렸어. 그 친구가 얼마나 큰 상처를 받았을까. 아, 요놈의 주둥

아리 때문에 내가 제 명에 못살아. 당신도 이렇게 후회한 경험이 있을 것이다.

　반대 경우도 있다. 오늘은 이 말을 꼭 해야지, 하고 한마디를 입속에 꾹꾹 눌러 담아 갔는데 결국 그 말을 입 밖으로 내보내지 못하고 돌아온 경우. 오늘은 정말 몇 번씩이나 말할 기회가 있었는데 주저주저하다 기회를 놓쳐 버렸어. 아, 언제 또 오늘 같은 기회가 올까. 내 입의 유일한 기능은 밥 먹는 것뿐이란 말인가.

　해야 할 말을 못하거나 하지 말았어야 할 말을 입 밖으로 내보냈을 때 머리가 지끈지끈 아프다. 입 치료부터 해야 하니까 두통약을 입에 털어 넣을 밖에. 의학계의 반응을 다시 한 번 촉구하며 또 하나의 엉뚱한 질문과 답을 소개한다.

　왜 구두 밑창은 닦지 않을까?

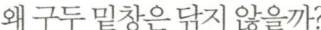

　구두계에 종사해 본 사람은 다 알겠지만 구두닦이에게 구두를 닦아오라고 하면 밑창은 손도 대지 않고 다 닦았습니다, 하면서 자신 있게 구두를 내민다. 다 닦은 게 아니지 않은가. 밑창 빼고 다 닦았습니다, 라고 해야 옳지 않은가. 역시 바보 같은 질문이라 생각하겠지. 하지만 나는 이 바보 같은 질문의 답을 찾다 〈구두〉라는 제목의 글을 만들 수 있었다. 호기심은 이렇게 답을 찾는 과정에서 생각하지 못한 선물을 안겨 주기도 한다.

**구두**

구두에서 가장 때가 타기 쉬운 곳은 밑창인데
우리는 그곳만 빼놓고 구두를 닦는다.
물론 남의 눈에 띄지 않으니 애써 닦을 필요가 없다.
사람에서 가장 때가 타기 쉬운 곳은 마음인데
우리는 그곳만 빼놓고 샤워를 한다.
물론 남의 눈에 띄지 않으니 애써 씻을 필요가 없다.
대신 이런 말을 들어도 언짢아해서는 안 된다.
마음이 정말 구두 밑창 같으시네요.

엉뚱한 호기심, 끊임없는 호기심이 새로운 발상을 만들어 내는 에너지다. 쓸데없이 호기를 부린다는 말을 들을 때까지 호기심을 발동시켜 보라.

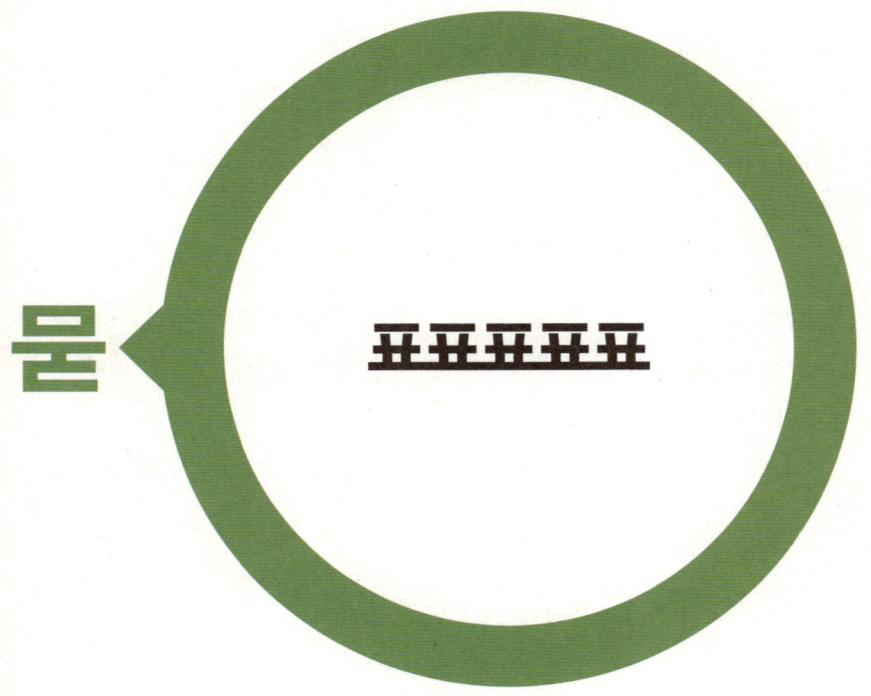

### 호기심은 물음표다

호기심은 물음표다. 뭐든 왜? 라고 물어보는 것이다. 그것이 중요한 질문인지 의미 있는 질문인지 따지기 전에 물음표부터 달고 보는 것이다.

왜 물음표는 둥그렇게 구부러졌을까?
왜 물음표 밑에 점을 찍었을까?
물음표에 찍힌 점과 마침표라 불리는 점의 크기는 같을까?
물음표의 모양이 귀를 닮은 것은 잘 묻기 위해 먼저 잘 들으라는 뜻일까?
왜 이름이 질문표가 아니라 물음표일까?

이런 온갖 생각을 다 해 보는 것이다. 꼬리에 꼬리를 물고 질문을 던지다 보면, 정말 왜 그럴까? 왜 그랬을까? 하는 침이 꼴깍 넘어가는 질문을 발견하게 된다. 당신의 몸속 깊이 감춰져 있던 호기심이 몸 밖으로 나오는 순간이다.

이때부터 호기심은 당신에게 답을 찾아내라고 닦달한다. 당신은 호기심의 명령을 감히 거역할 수 없다. 호기심에 답을 줄 만한 사람을 찾아다니며 물어보게 되고, 발길 끊은 지 오래된 도서관을 찾아 먼지 쌓인 책을 뒤지게 되고, 여기저기 포털사이트에 접속해 지식검색을 하게 된다.

물

이 책에 적힌 물음표는 모두 몇 개일까? 세 볼 것.

호기심이라는 놈은 한동안 당신의 뇌 가운데 자리를 떡 차지하고 앉아, 쓸데없이 뇌를 채우고 있던 잡념들을 다 내쫓는다. 당신은 실로 오랜만에 뇌를 대청소할 기회를 잡는 것이다. 흔히 정답을 잘 찾는 사람이 되지 말고 질문을 잘하는 사람이 되라고 한다. 질문은 입이 하는 게 아니라 호기심이 시키는 것이다.

### 호기심은 느낌표다

사람을 만나 물어보고 책과 지식검색 다 뒤져도 답을 찾지 못한다면, 아무 소득 없는 일에 당신의 시간과 노력을 낭비한 걸까? 아니다. 답을 찾지 못해도 좋다. 답을 찾아내려는 과정에서 느끼고 배우는 게 더 중요하다.

내 침을 꼴깍 넘어가게 한 그 질문을 이미 수많은 사람들이 내가 태어나기 전부터 했다는 사실을 알고 나면, 내가 들고 있는 게 뒷북이었다는 것을 깨닫게 된다. 내가 어떤 쪽으로 조금 더 관심을 갖고 세상을 바라봐야 하는지 배우게 된다. 뒷북을 들고 손이 심심해 그것을 툭툭 쳐 보다, 그 소리에 홀딱 빠져 김덕수 사물놀이패를 찾아가야겠다는 생각을 할 수도 있다. 이렇게 당신이 호기심을 전혀 갖지 않았던 더 중요한 질문에 대한 귀한 답과 새로운 답을 우연히 만날 수도 있다.

덤으로 느끼고 배우는 것도 적지 않다. 그 분야에 상식이나 관

물

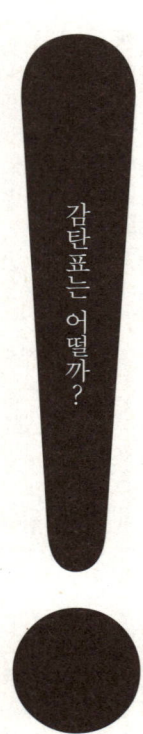

감탄표는 어떨까?

심이 전혀 없어 보이는 사람이 내 호기심에 척척 답을 내놓는 것을 보며, 사람 겉모습만 보고 알 수 없다는 말이 틀린 말은 아니라는 것을 확인한다. 아직도 생각보다 많은 사람들이 도서관에서 공부하는 척하며 데이트를 하고 있다는 것도 알게 된다. A라는 포털사이트보다 B라는 포털사이트에 더 많은 정보들이 있다는 사실도 새롭게 알게 된다.

이렇게 물음표가 자연스럽게 느낌표로 이어지는 것이 호기심이다. 즉 둥그렇게 구부러진 물음표가 직선으로 쫙 펴지며 머리에 느낌표를 팍 찍어 주는 것이 호기심이다.

### 호기심은 말줄임표다

어느 날 당신은 당신의 명함을 내려다본다. 회사, 직책, 이름, 주소, 전화번호. 어디 가서 내놓고 싶지 않은 평범한 명함이다 (직책에 대표라고 적혀 있다면 또 몰라도). 요즘은 독특하고 재미있는 명함도 많다던데, 도대체 가로 9센티 세로 5센티의 이 좁은 공간이 얼마나 달라질 수 있다는 걸까.

한번 호기심이 생기면 당신의 눈은 바빠진다. 잡지로 책으로 인터넷 공간으로, 남다른 명함을 구경하고 다닌다. 색깔, 글씨, 카피, 디자인, 형태, 소리, 향기 등에서 당신이 상상도 하지 못했던 정말 특별한 명함들을 수없이 만나게 된다. 놀라움은 새로운

욕구를 잉태한다. 내 명함도 한번 바꿔 볼까. 회사 사람들 안 볼 때만 사용하면 되잖아. 이 세상에서 오직 나 혼자만 가진 명함, 어떻게 만들면 될까. 그때부터 갑자기 발명가가 되고 디자이너가 되어 오만 가지 아이디어를 생각하게 된다.

명함에 대한 호기심이 이런 생각으로 이어질 수도 있다. 우리나라에 명함 가진 사람은 얼마나 될까? 삼성 회장이 사람 만나면, 저 이건희올시다 하고 명함 내밀까? 별을 주렁주렁 단 장군이 판문점에서, 제가 참모총장입니다 하고 명함 내밀까? 자신이 최고의 스타라고 자부하는 탤런트가, 나 최민수 하면서 명함 내밀까? 정말 불쌍한 사람은 맨날 명함 만들고 명함 챙기는 나 같은 사람들 아닐까?

자, 독특한 명함 구경하러 다니는 동안 당신은 말을 거의 하지 않았겠지. 감탄사 몇 번 내뱉었을 뿐. 오만 가지 아이디어를 생각하면서는 말을 할 수가 없었겠지. 뭐 좀 다른 거 없을까, 하는 말 이외에는. 명함 가진 사람 생각할 때도 입은 꾹 닫혀 있었겠지. 한숨만 내쉬었을 뿐.

그 말 많다는 당신이 이렇게 조용한 사람이 될 수 있었던 건 순전히 호기심이라는 말줄임표 덕분이지. 호기심을 가지면 머리를 부지런히 움직이느라 입을 사용할 기회를 찾기 어렵거든. 지금 이 책을 읽는 것도 정철이라는 사람이 도대체 어떤 얘기를 얼마나 잘난 척하면서 떠드는지 확인해 보려는 호기심 때문이지. 호기심이 왜 말줄임표인지, 말줄임표가 왜 좋은지에 대한

▼

글 하나 소개하지.

### 책을 읽는 첫 번째 이유

말이 많은 사람의 장점은 아는 것이 많다는 것을 세상에 알릴 수 있다는 것이다. 말이 많은 사람의 단점은 아는 것은 많은데 정확히 아는 것은 별로 없다는 것을 세상에 들키고 만다는 것이다.

사람들이 왜 그토록 책을 읽으라고 하는지 아는가. 책 속에 엄청난 지혜가 들어 있어서가 아니다. 책을 읽는 동안에는 말을 내보낼 수 없기 때문이다. 당신은 지금 말을 하지 않고 있다.

### 호기심은 쉼표다

여기저기에 엉뚱한 호기심을 흘리고 다니면 인생이 더 피곤해지는 게 아닐까. 밥 먹고 사는 일 하기도 바쁜 나를 더욱 엉망으로 헝클어 버리지 않을까. 남들이 나를 이상한 눈으로 쳐다보지 않을까. 내 가족들은 우리 집의 미래가 걱정된다며 둥그렇게 껴안고 눈물을 흘리지 않을까.

만약 이런 생각 때문에 호기심을 피해 다니는 사람이 있다면 그가 한다는 그 밥 먹고 사는 일 역시 그리 신통치 않을 거라는

**자**

본명은 쉼표
내게 주는 기차표
정하지 않은 시간표
자유로움이 목표
떼어 버려 이름표
생각하지 마 성적표
기분 내키면 사표
무시해 이정표
아무 곳이나 화살표
운 좋으면 공짜표
기분은 높은음자리표
마음만은 백지수표
충전 마치고 도돌이표

데 500원 건다. 그는 일주일에 토요일과 일요일이 있는 이유를 깜빡하고 있는 것이다. 도심 한 가운데에 공원이 있고 벤치가 있는 이유에 대해 호기심을 가져 본 적이 없는 것이다.

호기심은 맨날 쳇바퀴 돌듯 살아가는 우리를 잠시 쉬게 해 주는 생각이다. 어떤 것에 강한 호기심을 가지면 다른 생각은 잠시 멈추게 된다(아이큐 200이 안 되는 당신은 한 번에 두세 가지 생각을 할 수 없다). 일상적인 생각에게 그동안 수고했다며 포상휴가를 주는 것이다.

당신이 호기심에 낑낑 매달려 있는 동안 일상적인 생각은 해먹에 누워 산들바람을 즐기는 편안한 자세로 에너지를 재충전한다. 즉, 늘 하던 생각에서 잠시 벗어나는 것이 오히려 늘 하던 생각이 해먹에서 내려와 다시 움직일 때 도움을 준다는 것이다. 호기심은 직선으로 달리던 인생에게 곡선으로 달리는 멋과 여유를 가르쳐 준다. 고마운 놈이다.

### 호기심은 이영표다

축구선수 이영표가 국가대표에서 은퇴했다. 많은 사람이 후배들에게 길을 열어 주겠다는 그의 생각에 박수를 보냈다. 사람들은 이영표의 그 초롱초롱한 눈과 헛다리짚는 개인기를 오래토록 기억할 것이다.

초롱초롱과 헛다리! 이것이 바로 호기심이다. 늘 초롱초롱 눈을 뜨고 사물을 끊임없이 바라볼 때 호기심이 생긴다. 관찰이다. 익숙한 것을 익숙하게 보지 않는 치열한 관찰만이 당신을 호기심 많은 사람으로 만들어 준다. 호기심은 단순히 머리가 만들어 내는 게 아니라 눈이 만들어 낸다는 것을 노파심 많은 노파처럼 다시 한 번 강조한다.

그리고 헛다리. 축구에선 멋진 개인기지만 인생에선 소용없는 헛수고 또는 헛걸음이라는 뜻으로 쓰인다. 그 헛수고와 헛걸음을 기꺼이 하겠다는 자세를 가져야 한다. 헛수고와 헛걸음이 쌓이면 그것이 고스란히 인생의 내공이 된다. 결과를 만들어 내지 못할 수도 있는 호기심에게 기꺼이 시간과 노력과 돈을 써라. 괜한 헛수고는 없다.

물

> 물음표공장
> 공장장들의
> 이야기

### 어느 기업의 입사시험 문제

서울에 사는 강아지는 몇 마리쯤 될까?
남산을 들어서 잠실로 옮기려면 며칠이 걸릴까?
한강을 얼려 빙수를 만들면 몇 그릇이 나올까?
우리 국민 중 점심 먹고 꼭 낮잠을 자는 사람은
몇 명이나 될까?

만약 입사시험에 이런 문제가 나온다면 꽤 당황하겠지. 그동안 열심히 준비해 온 공부가 말짱 도루묵이었다는 사실이 너무 억울하겠지. 문제 풀 생각은 하지 않고 천장만 바라보며 한숨을 쉬겠지. 우리 모두는 상상력을 억누르는 공부, 그래서 생각의 균질을 초래하는 공부, 그래서 새로운 답의 싹을 잘라 버리는 공부만을 공부로 알고 시험을 준비해 왔으니까. 그런데 위에 던진 질문들은 어느 기업이 실제로 입사시험에 낸 문제들이다.

검은색 하면 생각나는 단어 10개를 써라.
여자는 왜 화장을 할까?
서울에 눈 대신 소금이 내리면 어떤 일이 일어날까?

위 세 가지 질문은 내가 대학을 졸업하고 광고회사 카피라이터를 지원했을 때 입사 시험문제로 받아든 것들이다. 영어나 상

▼

식을 테스트하겠지, 하는 생각으로 시험장에 앉은 나는 무방비 상태에서 기습을 당했다. 이런 문제들을 낸 이유를 혼자 생각해 보고 가능한 한 가장 비상식적인 답을 쓰려고 애썼다. 어렵게 시험을 치고 나서도 내 머릿속에 남아 있는 생각은 점수가 잘 나올까, 가 아니었다. 이거 채점하는 사람 정말 재미있겠다, 였다.

이런 질문은 누가 정답을 내놓는지 알아보는 문제가 아니다. 문제 해결과정의 창의성과 정당성, 그리고 자신이 낸 답에 대한 독특한 해석 등을 살펴보는 문제다. 지식암기로는 결코 풀 수 없는 문제, 평소에 이런 엉뚱한 질문과 일촌 맺고 친했던 사람에게 절대적으로 유리한 문제다.

특히 카피라이터를 뽑는 시험엔 이렇게 지식의 두께 대신 발상의 신선도를 체크하는 문제가 많다. 문제를 내는 사람들의 발상이 신선하지 않으면 이런 시험 자체가 존재할 수 없겠지. 나는 이런 문제를 만들어 내는 머리 말랑말랑한 광고쟁이들을 존경한다. 출제자들의 머리를 감상해 보시라.

- 맹인 친구에게 한강을 말로 설명해 보시오.
- 사랑이나 결혼이라는 단어를 사용하지 않고 프러포즈 하는 방법 10가지는?
- 영화관에 공짜로 들어가는 방법 15가지는?
- 축구장과 야구장의 차이점 20가지는?
- 다음 단어를 모두 사용하여 글을 지어라.

구름, 배터리, 긴장, 지각, 잠수함, 벌레, 비비빅

- 우유→흰색→(　)→(　)→박찬호→(　)→성공

지금 내가 무슨 얘기를 하는지 알겠는가. 호기심이 당신을 취직시켜 줄 수도 있다는 얘기다. 알아먹었다면 어물쩍 넘어가려 하지 말고, 광고회사 시험 친다는 자세로 위 문제들을 풀고 넘어가라.

### 묻자, 묻자, 묻자

왜? 왜? 왜? 당신이 물음표공장 공장장이라 생각하고 물음표를 생산해 내라. 불량품이 나와도 좋고 재고가 쌓여도 좋고 반품이 들어와도 좋다. 생산하면 그것을 누가 어떻게 얼마나 판매할 것인지는 걱정하지 마라. 당신이 할 일은 생산이다. 내가 생산한 물음표들을 쭉 한번 살펴보고 당신의 물음표공장을 어떻게 가동할지 생각해 보라.

- 축구에는 왜 3점 슛이 없을까?
- 왜 스님은 머리를 깎고 목사님은 머리를 깎지 않을까?
- 선생님들에겐 왜 근사한 별명이 붙지 않을까?
- 북조선을 가장 미워하는 신문 이름이 왜 조선일보일까?

▼

- 왜 잠실 접대에 봉천동 영수증이 올라올까?
- 과연 KT&G에서는 사내 금연운동을 할까?
- 엄마와 어머니는 어떻게 다를까?
- 돈에는 왜 돈이라고 적혀 있지 않을까?
- 왜 노래하기 싫은 사람 노래 시켜 놓고 지들끼리 떠들까?
- 초등학교, 중등학교, 고등학교 다음은 왜 대등학교가 아닐까?
- 다람쥐는 다람쥐인데 왜 두더지는 두더쥐가 아닐까?
- 몸이 지은 죄보다 마음이 지은 죄가 더 많은데 왜 마음감옥은 없을까?
- 1년 동안 한 번도 안 만나는 친구들이 망년회는 왜 할까?
- 왜 자는 척하고 있으면 눈꺼풀이 유난히 흔들릴까?
- 꽃등심 1인분의 양은 누구를 기준으로 정한 것일까?
- 왜 자유의 여신상에겐 움직일 수 있는 자유가 없을까?
- 하느님은 교회 십자가를 내려다보며 뭐라고 말할까?

당신은 호기심배 쟁탈 사회인 야구대회에서 마운드 위에 홀로 선 투수다. 호기심을 던져라. 폭투가 나와도 좋고 빈볼이 나와도 좋다. 씩씩하게 던져라. 꼭 포수를 향해 던지라는 법도 없다. 관중을 향해 던져도 좋고 태양을 향해 던져도 좋으니 마구 던져라. 던지다 보면 세상이 반응할 것이다. 심판이 마운드로 올라와 방금 던진 호기심은 처음 보는 구질인데 공을 어떻게 쥐고 던졌냐고 물을 것이다. 관중을 향해 던진 볼을 잡아낸 사람이 당신에게 달려와 공을 내밀며 사인을 해달라고 할 것이다.

그렇다고 공 쥔 손을 사진 찍어둘 필요도 없고, 사인연습을 미리 해둘 필요도 없다. 세상의 반응을 살피고 나서 당신의 그 다음 반응을 결정해 가면 된다. 일단은 던져라. 던지지 않으면 세상도 반응하지 않고 당신도 결정이라는 것을 할 게 없다. 위에 던진 가장 마지막 호기심에 대한 내 답은 〈똥침〉이라는 글이다.

**똥침**

서울아, 그만 좀 찔러라.
뭔 놈의 교회 십자가가
전봇대보다 많은 게냐.
인자하신 하느님 노릇,
똥구멍 아파서 못 해먹겠다.

### 넌 왜 수염을 기르니?

가끔 왜 수염을 기르느냐는 질문을 받는다. 물음표를 입에 달고 다니라고 했으니 별 걸 다 묻는다고 야단칠 수 없어 대답을 하겠다. 만약 폼 나는 대답을 듣는다면 나도 한번 길러 보겠다는 의중이겠지. 하지만 내 입에서 그리 폼 나는 대답은 나오지

▼

않는다. 실망스럽기 그지없는 내 대답은, 게을러서.

　게을러 터진 나도 오랫동안 면도를 해왔다. 외모로 튀는 것을 그리 좋아하지 않아서였는지 습관처럼 면도를 했다. 그런데 일주일가량 여기저기 떠돌아다니느라 면도를 할 수 없는 상황이 생겼다. 집에 돌아와 거울을 봤다. 여전히 나였다. 수염이 입 주위를 살짝 덮었지만 여전히 나였다.

　내 안에서 잠자고 있던 게으름이라는 놈이 나를 충동질하기 시작했다. 거 봐, 수염 길러도 하나도 이상하지 않잖아. 광고쟁이 얼굴이 무슨 특징 하나 없어서 장사 되겠어? 나는 못 이기는 척 게으름의 유혹에 넘어가 주기로 했고, 기다렸다는 듯 그날부터 수염을 길렀다. 처음엔 신경이 많이 쓰였다. 길거리에 나가면 세상 사람 모두가 나만 쳐다보는 것 같았다. 한동안 생활한복을 즐겨 입었는데 그 옷을 처음 입었을 때처럼 쑥스러웠다.

　하지만 얼마 지나지 않아 사람들은 내게 관심이 없다는 것을 깨달았다. 괜히 나 혼자 눈치를 살필 뿐 사람들은 내 수염 따위에 시선을 줄 만큼 한가하지 않았다. 그것을 알고부터는 나도 내가 수염을 가르고 다닌다는 것을 의식하지 않게 되었다.

　엉뚱한 호기심을 들고 뛰어다니면 사람들이 당신을 이상하게 볼 것 같은가. 그래서 주저하고 망설이는가. 착각이다. 당신이 호기심을 들고 뛰든 영웅심을 들고 뛰든 사람들은 당신에게 관심이 없다. 못 믿겠다고? 튀는 짓 할 때마다 사람들이 당신을 자꾸 쳐다보는 것 같다고? 그래서 자꾸 얼굴이 빨개진다고? 웃기지 마라. 사람들이 당신을 쳐다봐서 얼굴이 빨개지는 게 아니다. 당신 얼굴이 유난히 빨가니까 쳐다보는 것이다.

사람들이 당신만 쳐다보는 일은 일생에 한 번 있을까 말까 한 일이다(결혼식 정도? 그것도 첫 번째 결혼식만). 주위를 살피는 일에 게을러져라. 당신이 신경 써야 할 것은 남의 눈이 아니라, 지금 당신 앞에 놓인 물음표다.

### 나랑 같은 이름을 가진 사람은 얼마나 될까

얼마 전 특강을 했다. 총 4회에 걸친 특강 마지막 날. 강연이 끝난 후 사람들은 내 책을 한두 권씩 사들고 줄을 섰다. 한 사람 한 사람 이름을 묻고 사인을 했다.

나는 사인할 때 더하기라는 말을 쓴다. 이정미라는 분에게 사인을 할 때는 이정미 더하기 정철, 이라고 쓴다. 이제 이정미 당신은 나랑 인연을 맺은 것입니다, 라고 고백하는 것이다. 이 날도 수십 번의 더하기를 하고 있었다. 한 남자가 내 앞에 섰다. 그에게 이름을 물었다.

성함이 어떻게 되세요?
정철이요.
네?

▾

정철이요.

아, 네⋯

정철 더하기 정철, 이라고 사인을 했다. 기분이 묘했다. 정철에 정철을 더하면 뭐가 될까. 더해질 수는 있는 걸까. 같은 N극이나 S극끼리는 서로 밀어낸다는데 같은 정철끼리는 붙을 수 있을까. 이런저런 호기심이 발동을 걸려 하는데 내 앞에 선 정철이 이렇게 말했다. 대한민국 정철 다 모아 자리 한번 만들겠습니다.

그날 밤 잠자리. 저녁에 잠시 발동 걸리다 만 호기심이 다시 꿈틀거리기 시작했다. 대한민국에 나랑 같은 이름을 가진 사람이 얼마나 될까? 수십 명? 수백 명? 정말 그 모든 정철이 한자리에 모이는 건 불가능할까? 다들 나처럼 잘생겼을까? 이름 때문에 생긴 에피소드는 나랑 같을까? 그들도 송강 정철 때문에 고등학생들에게 임금빠 소리 들으며 욕을 먹을까?

내 앞에 섰던 정철이, 정철이라는 이름이 다 모이는 자리를 정말 만든다면 꼭 나가 봐야지. 이제 이렇게 책에 활자로 탁 박아 놓았으니 그 정철도 압박을 받으며 자신이 한 말에 책임을 지겠지. 꼭 나가서 영어 잘하는 정철과 가수 정철도 나왔는지 확인해 봐야지.

당신도 호기심이 발동했다면 한번 추진해 보라. 당신과 같은 이름 찾기 그리고 한자리에 모이기. 김정훈 같은 이름은 아마

체육관 하나를 통째로 빌려야 할지도 모른다. 그리고 그 자리에서 '대한민국 김정훈'이라는 커다란 압력단체 하나가 만들어질지도 모른다. 그런데 한 가지 아쉬운 것은 김정훈들이 모이면 재미는 별로 없을 거라는 것. 99퍼센트가 남자일 테니까(정철도 그렇군). 한자리에 모이면 가장 재미있을 이름은 역시 주영이가 아닐까. 남자 절반 여자 절반. 그래야 기차 타고 비행기 타고 찾아올 맛도 나겠지. 얼마 후엔 같은 이름의 신랑 신부가 신혼여행을 갈지도 모르고.

한 번 발동 걸린 호기심은 꼬리에 꼬리를 물고 새로운 물음표를 생산해 낸다. 그 물음표들이 우리의 축 늘어진 일상을 자극하며 너 지금보다 더 재미있게 살아도 돼! 라고 말한다. 귀를 막지 마라.

이것으로 이 장을 끝내면 섭섭해할까 봐 당신에게 내는 숙제 하나. 가로수와 커피, 이 두 단어를 가지고 엉뚱한 질문 하나를 만들어 볼 것. 언제? 지금.

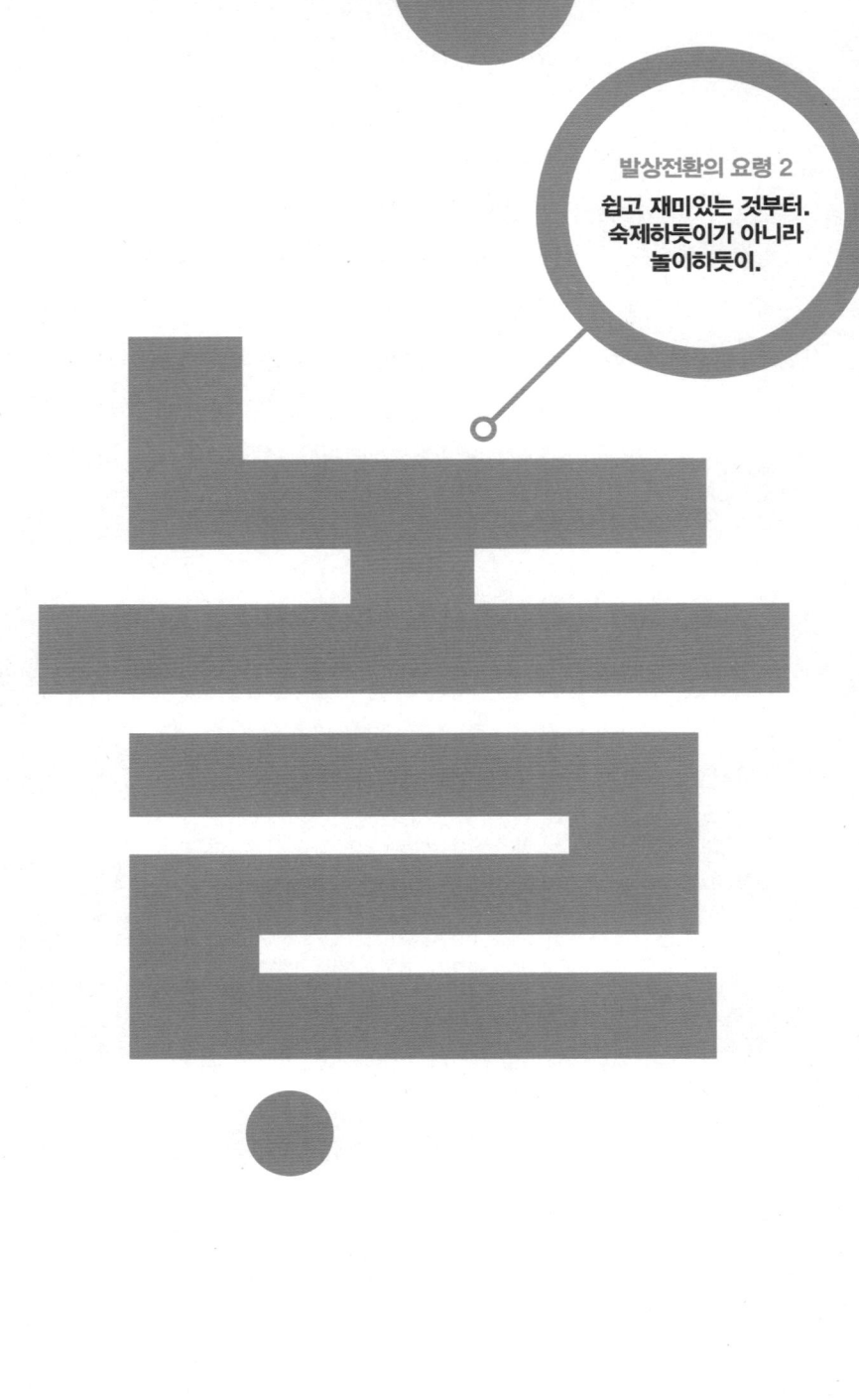

발상전환의 요령 2

쉽고 재미있는 것부터.
숙제하듯이가 아니라
놀이하듯이.

자

놀 ◀ 상상하다 = 놀다

### 데뷔경기가 은퇴경기 되는 법

머리를 가지고 노는 것, 이거 생각보다 재미있다. 장난감이나 게임기, 스마트폰 가지고 노는 것보다 재미있다. 그 재미를 온전히 느끼려면 머리에게 처음부터 너무 어려운 숙제를 내줘서는 안 된다. 상상하다, 생각하다, 창의하다, 발상하다, 이 모든 동사의 동의어가 '놀다'가 되어야 한다. 그것이 '숙제하다'가 되어서는 많이 곤란하다.

만약 당신에게 회사 매출을 당장 두 배로 올리는 방법을 내일 아침까지 찾아오라고 한다면? 당신은 큰 부담을 가지겠지. 그 부담 때문에 밤새 잠도 못자겠지. 부담은 조급함으로 이어지게 되어 있지. 뇌에 기름칠도 하지 않은 사람이 처음부터 매출을 두 배로 올리는 기발한 아이디어를 찾아내겠다고 달려든다면, 아이디어를 손에 쥐기는커녕 두통약만 한 움큼 손에 쥐게 되지.

이는 이제 막 격투기 훈련을 시작한 선수가 세계 최강 효도르에게 도전하다 나가떨어지는 꼴과 다름없다. 데뷔경기가 곧 은퇴경기가 되고 만다. 후유증은 생각보다 심각하다. 상상 혹은 발상이라는 말만 들어도 효도르의 얼굴이 떠오르고, 그건 내가 할 짓이 아니라는 표정으로 손을 내저으며 뒤꽁무니를 빼게 될 테니까.

조급함은 한 번의 실패로 끝나는 게 아니라, 자신감을 잃게 해 평생 상상력과 담을 쌓게 만들어 버릴 수도 있다. 데뷔경기를

▼

은퇴경기로 만들지 않으려면 어떻게 해야 할까? 이 책 계속 읽어야 한다.

### 어느 날 내가 머리를 빡빡 밀고 출근한다면?

이제 이런 상상을 해 보자. 당신이 남자든 여자든 상관없다(아니, 여자라면 더 좋겠지). 당신이 면도기로 머리를 빡빡 밀고 내일 아침 회사에 출근한다면 동료들의 반응은 어떨까? 당신의 기습적인 변신에 종잡을 수 없을 정도로 다양한 반응이 나타나겠지. 자, 눈을 감고 그 반응들을 상상해 보라. 당신 옆자리에 앉은 김 대리는? 늘 당신의 뒤통수에 시선을 고정시키고 있는 박 부장은?

　뒤늦게 입대하느냐고 묻는 A.
　출가를 결심했냐며 머리 숙여 합장하는 B.
　사회에 불만 있냐며 걱정스런 눈빛으로 바라보는 C.
　머리를 만지며 생각보다 촉감 좋은데 하는 D.
　카메라를 들이대며 셔터부터 누르는 E.
　조용히 다가와 모자를 확 씌워 버리는 F.
　하염없이 울면서 웃고 있는 G.

이외에도 얼마든지 재미있는 반응을 상상할 수 있겠지. 평소엔 상상력이 풍부한 사람이라 인정받지 못하는 사람일지라도 이런 상상에선 쏠쏠한 상상력을 발휘한다. 왜 그럴까? 머리를 빡빡 밀어버린 모습은 상상하는 것만으로도 재미가 있기 때문이다. 왜 재미있을까? 부담이 없기 때문이다. 언제까지 어느 정도 이상의 기발한 상상을 꼭 해야 한다는 부담이 없기 때문이다. 숙제가 아니기 때문이다.

상상력의 적은 쪼그라든 뇌가 아니라 부담이다. 뇌가 상상력 완전정복이나 상상력의 정석 같은 책을 읽지 못해서도 아니고, 상상력 훈련을 시켜 주는 특수학교를 다니지 않아서도 아니다. 뇌를 쪼그라들게 만드는 주범은 부담이다.

9회 말 투아웃 만루. 안타 하나 맞으면 역전당하는 상황에서 마운드에 홀로 선 투수를 생각해 보자. 만약 그가 포수에게 공을 던지는 데 부담을 갖는다면 어깨에 힘이 잔뜩 들어갈 것이다. 그의 투구동작은 그만큼 부자연스러워질 것이고, 그의 투구는 평소보다 스피드가 크게 줄거나 폭투가 되고 말 것이다. 그래서 투수코치는 늘 어깨에서 힘 빼라고 팔을 잡아 쭉쭉 늘려 주는 것이다. 골프에서도 스윙에 힘이 잔뜩 들어가면 공은 방향을 잃고 OB가 나고 만다.

상상도 마찬가지다. 머리에서 힘을 빼는 일부터 시작해야 한다. 즉 뇌가 부담 때문에 경직되지 않는, 그런 쉽고 재미있는 상상부터 시작해야 한다. 그래야 머리에서 폭투가 나오지 않는다.

### 머리에 시동 걸기

상상하는 것은 노는 것이다. 아주 작은, 아주 쉬운, 아주 재미있는 생각을 하면서 머리를 슬슬 움직이는 것이다. 그러다 그 상상이 재미없으면 그냥 포기해도 좋다. 더 재미있는 상상으로 옮겨가면 되니까.

이렇게 뇌를 가지고 부담 없이 놀다 보면 내가 생각해도 어, 이거 괜찮은데! 하는 생각이 불쑥 떠오르게 된다. 그것이 시작이다. 그 순간이 바로 상상력이 풍부한 사람이 되는 첫 관문을 아주 싱겁게 통과해 버리는 순간이다. 아, 이렇게 뇌와 생각을 가지고 놀면 되는 거구나! 하는 자신감. 당신은 그 자신감의 주인이 되는 것이다. 자신감이라는 생전 처음 보는 맛을 경험한 다음부터는 상상의 난이도를 조금씩 높여가도 좋다. 그러다 보면 어느새 지구를 구하고 미래와 대화하는 상상을 하고 있는 당신을 발견하게 된다.

자, 이제 상상력이 풍부한 사람이 되기 위한 첫 번째 상상을 해 보자. 당신은 이번 주말 로또 일등에 당첨된다. 그 당첨금의 10퍼센트를 남들이 쉽게 상상할 수 없는 아주 특별한 곳에 쓴다면? 당신은 오늘 중으로 아주 멋진 상상을 해낼 것이다. 내일 아침부터는 상상하는 일에 자신이 생길 것이다. 뭔가를 상상해 보라고 하면, 그래 좀 놀아보지 뭐! 하면서 머리에 가볍게 시동을 걸 것이다.

  나는 로또 같은 것 안 삽니다, 하면서 슬쩍 피해 가려는 사람을 위해 하나 더 준비했다(나, 보기보다 치밀한 구석이 있다). 자우림을 당신의 머릿속에 초대하는 것이다. 당신이 신도림역에서 스트립쇼를 하면 당신 주위로 몰려든 사람들은 어떤 반응을 보일까? 상황을 머릿속에 생생하고 꼼꼼하게 그릴수록 더 기발하고 더 멋진 상상을 해낼 수 있다. 도전, 스타트!

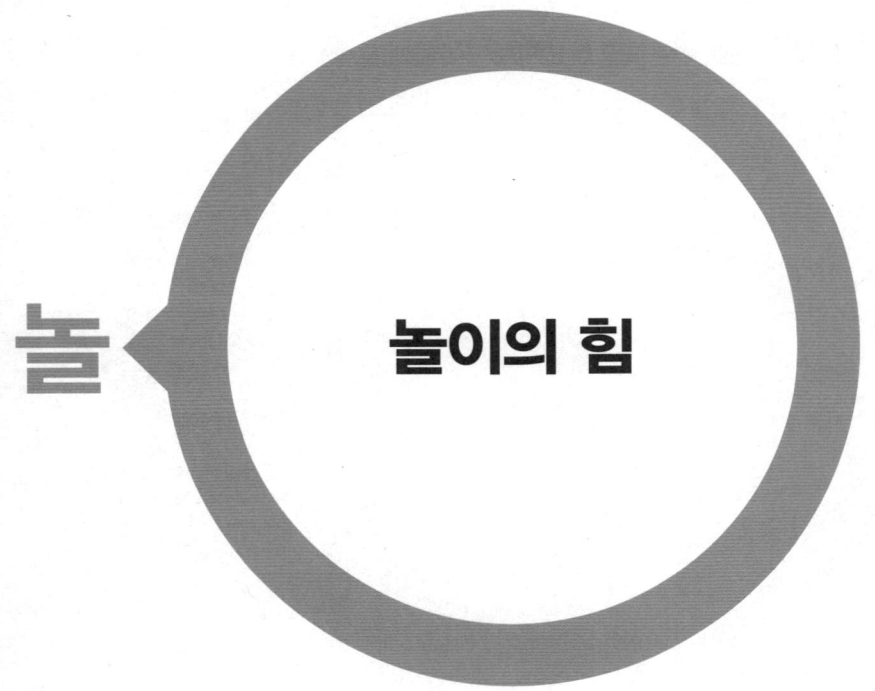

놀 놀이의 힘

### 곰인형 쓰레기봉투와 피아노 계단

　일본의 어느 도시는 재활용 쓰레기가 잘 모이지 않아서 고민이었다. 상당한 비용을 들여 시민들을 대상으로 캠페인을 벌였지만 크게 효과를 보지 못했다. 그때 누군가가 아이디어를 냈다. 쓰레기봉투를 곰 인형 모양으로 만들자는 것이었다. 그 제안은 채택되었고 쓰레기봉투의 얼굴이 바뀌었다. 어떻게 되었을까. 재활용 쓰레기의 양이 급증했다. 쓰레기를 모아서 버리는 일이 재미있어졌기 때문이다. 다른 건 몰라도 재활용 쓰레기 버리는 일만큼은 내가 하겠다고 아이들까지 달려들었다. 더럽고 귀찮은 일도 놀이처럼 느껴지면 사람들은 그것을 피하지 않는다.

　또 하나의 사례. 계단과 에스컬레이터가 나란히 있다면 우리는 굳이 계단에 발을 올려놓지 않는다. 그쪽이 더 힘들다는 것

을 빤히 아는데 누가 계단을 이용하겠는가. 하지만 계단을 오르는 게 더 재미있다는 생각이 든다면 얘기는 달라진다. 계단 하나하나 밟을 때마다 다른 음이 경쾌하게 난다면 한번쯤 계단에 올라보고 싶겠지. 계단을 오르내리며 손가락 대신 발바닥으로, 영화 〈사랑은 비를 타고〉에서 진 켈리가 탭댄스를 추듯 근사한 피아노 연주를 해 보고 싶겠지. 힘들어도 힘든 줄 모르겠지. 그건 힘든 길을 오르는 게 아니라 노는 것이니까. 스웨덴 스톡홀름 오덴플랜역에는 밟으면 소리가 나는 계단이 실제로 있다.

### 젓가락 행진곡과 프리스비

때로는 놀이가 예술로 둔갑하기도 한다. 작곡가 알렉산드로 보로딘은 어느 날 집에서 형편없는 피아노 연주 소리가 들려와 호통을 칠 요량으로 피아노방 문을 열었다. 그런데 피아노 앞엔 어린 딸이 앉아 있었다. 피아노를 배운 적 없는 딸은 집게손가락으로 피아노 건반을 누르며 놀고 있었다. 보로딘은 딸의 행동을 유심히 살폈다. 그런데 그게 재미있는 놀이처럼 보였다. 딸아이와 나란히 앉았다. 같이 놀았다. 땡땡땡 땡땡땡, 하며 놀다 어느새 젓가락 행진곡이 완성되었다.

놀이가 문화의 한 획을 그은 경우도 있다. 한 예일대 학생이 캠퍼스 근처 프리스비 베이커리의 파이 접시를 주워 친구랑 마주 던지며 놀았는데, 그것이 원반 던지는 놀이 즉 프리스비의 시작이었다고 한다(요즘 당신이 알바를 하고 있다면 틈나는 대로 그 매장에 세상을 뒤흔들 놀잇감이 있는지 살펴보라. 하나만 발견하면 다음날부터 당신과 그 매장 사장이 옷을 바꿔 입게 된다).

### 나일론의 발명

놀이는 인간 문명을 뒤흔들어 놓기도 한다. 나일론의 발명도 놀이에서 시작되었다. 합성소재 개발을 위해 애쓰던 뒤퐁사 연구원들. 그들은 새 재료를 유리 막대에 붙이고 잡아당기기 시합을 벌였는데, 의외로 그 재료가 놀랄 만큼 탄력이 있다는 것을 알게 된다. 연구원들은 실험실을 뛰어다니며 실을 길게 늘이는 놀이를 했다. 아이처럼 깔깔대며. 그런데 그때 최대한으로 당겨진 그 재료가 갑자기 구조가 바뀐 것처럼 가늘고 부드러워지는 게 아닌가. 이게 바로 나일론이 발명되는 순간.

발명해야지, 발명해야지, 하면서 실험실에서 현미경만 들여다보고 있었다면 이런 발명은 없었을 것이다. 머리에 부담을 주었다면 결코 세상에 태어나지 않았을 것이다. 놀이는 놀이 그 자체로도 신나는 일이지만, 생각하지도 않은 발명을 선물로 받을 수 있어 더 신나는 일이다.

놀: 말장난 합시다

### 머리를 가지고 노는 가장 쉬운 방법

머리를 가지고 노는 가장 쉬운 방법은 뭘까? 말이나 글을 가지고 노는 것이다. 종이와 연필만 있으면 누구나 쉽게 할 수 있는 놀이다. 특별한 도구나 공간이 필요한 것도 아니고 같이 놀아 줄 상대가 필요한 것도 아니다. 그냥 혼자 하면 된다.

말장난이라 해도 좋고 글장난이라 해도 좋다. 말이나 글을 장난감처럼 들고 놀다 보면 아, 머리는 이렇게 사용하는 거구나! 이거 생각보다 재미있는데! 하는 생각이 든다. 글을 잘 쓰는 사람을 위한 놀이가 아니다. 글 쓰는 일이 부담스러운 사람일수록 이 놀이와 친해져야 한다. 그러면 어느새 글을 쓴다는 게 그렇게 어려운 일도, 뒤로 꽁무니 뺄 일도 아니구나, 하는 생각이 들 것이다.

나는 혼자 글을 가지고 놀다가, 이거다! 하는 것을 찾아내면 의자에 앉아 트위스트를 추듯 좌우로 몸을 흔들며 히히 킥킥 깔깔 웃는다. 너는 역시 천재야! 하면서 내가 나를 칭찬해 준다. 누가 보면 굉장히 우습겠지만 사실 나는 혼자 뭔가를 찾아내는 그 순간의 기쁨, 그 순간의 희열 때문에 글을 쓴다. 만약 이런 순간들이 없었다면 벌써 지쳐 쓰러지고 말았을 것이다.

그런데 거기까지다. 내가 천재적인 발견이라 자부하며 트위스트를 췄던 그 글들을 다른 사람이 읽었을 때, 나랑 똑같은 반응을 보일까? 천만에. 이게 뭐야, 하면서 졸린 눈을 비비는 사람

▼

도 있고, 보자마자 휙 던져 버리는 사람도 있다. 하지만 남들의 반응은 중요하지 않다. 내가 말장난을 하며 재미있게 놀았고 거기에서 에너지와 자신감을 얻었기에 그것으로 충분히 의미가 있다.

자, 이제 놀아 볼까. 우선 준비부터 하라. 뭘 준비하느냐고? 종이 그리고 연필. 그리고 트위스트를 추며 킥킥 웃을 준비.

### 조립하라

글을 쓰지 말고 조립하라. 연필만 잡으면 부들부들 떨던 당신의 손에게 연필을 내려놓으라고 명령하라. 연필 대신 단어들을 잡으라고 명령하라. 세상 모든 단어들을 당신 주위에 가득 쌓아 놓고 찬찬히 살피다가 마음에 드는 단어가 보이면 그것을 잡으라고 명령하라. 오른손만으로 부족하면 왼손도 같은 짓을 하라고 명령하라. 그 단어들을 붙였다 뗐다 하는 놀이를 하라고 명령하라(명령이라는 말이 자꾸 들어가 위압적이라는 느낌이 든다면 사정으로 바꿔 읽어도 좋다).

장난감 레고를 들고 이렇게 저렇게 조립하며 노는 아이. 그 아이의 얼굴에서 부담이나 숙제 같은 심각한 표정은 찾아볼 수 없다. 그 아이를 흉내 내보는 거다. 그러다 보면 어느새 당신의 얼굴에도 장난, 재미, 흥분 같은 표정들이 조금씩 피어난다. 그렇

열쇠와 다리를 조립하면
키다리 아저씨가 나타난다.

자

▼

게 놀다 보면 단어의 조립만으로 집도 만들고 배도 만들고 공룡도 만들고. 그것들을 떡하니 손 위에 올려놓고 스스로 대견해하는 당신의 모습을 보게 될 것이다.

조립은 이제까지 당신이 가졌던 글쓰기에 대한 개념을 다 부수는 파괴적 창조다. 쓰는 게 아니라 놀다 보면 글이 되는 것이다.

**모험**
세상을 만지는 체험.
어둠을 헤치는 탐험.
나에게 던지는 시험.
어쩌면 조금은 위험.
그러나 인생의 보험.

내가 내린 모험이라는 단어의 정의다. 모험을 설명하기 위해 우선 모험처럼 험으로 끝나는 두 음절 단어를 찾았다. 체험, 탐험, 시험, 위험, 보험 등이 눈에 보였다. 그것들을 하나하나 오른손으로 집어 들었다. 그리고 한 줄로 세웠다. 움직이지 말고 그 자리에서 잠시 기다리라고 했다.

이제 왼손이 일을 할 차례다. 꼼짝 않고 줄 서 있는 다섯 개의 단어 앞에 붙을 만한 수식어들을 찾았다. 세상, 어둠, 나, 인생 같은 단어들과 만지는, 헤치는, 던지는 같은 단어들이 눈에 보였다. 그것들을 모두 왼손으로 집어 들어 한곳에 쌓았다.

이제부터는 조립이다. 오른손이 찾은 놈들과 왼손이 찾은 놈들을 이렇게도 붙여 보고 저렇게도 붙여 본다. 붙여 보고 아귀가 잘 맞지 않을 땐 미련 없이 떼고 다른 놈들을 붙인다. 붙였다 뗐다 붙였다 뗐다. 그러다 보면 적당히 운율을 맞춘 다섯 줄의 조립이 끝난다. 그것으로 글 하나 완성.

시작은 말장난이었지만 그 의미는 장난스럽지 않다는 것을 알 수 있을 것이다. 말장난, 글장난은 이렇게 하는 것이다. 레고를 가지고 노는 아이의 표정으로. 모험심 가득한 탐험가의 표정으로.

**밥 타령**

논이라는 한 글자 위에
벼라는 한 글자가 있어
해라는 한 글자를 만나고
비라는 한 글자도 만나고
땀이라는 한 글자가 더해져
쌀이라는 한 글자가 되어
솥이라는 한 글자에 들어가
물이라는 한 글자에 젖고
불이라는 한 글자를 견디고
뜸이라는 한 글자를 들이면
밥이라는 한 글자가 되는데

▼

상이라는 한 글자에 올라
국이라는 한 글자를 데리고
입이라는 한 글자로 들어가
맛이라는 한 글자를 느끼고
목이라는 한 글자를 지나
배라는 한 글자에 머물다
피라는 한 글자로도 남고
살이라는 한 글자로도 남고
힘이라는 한 글자를 주면
똥이라는 한 글자로 나온다.

이 모든 한 글자가 '나'라는 한 글자를 위해 존재하니
나는 틀림없이 축복받은 존재.

〈밥 타령〉이라는 이 글 역시 조립이다. 벼가 자라 쌀이 되고 밥이 되어 우리 몸속에 들어가 피가 되고 살이 되는 과정을 글로 표현한 것이다. 이를 위해 내가 맨 먼저 한 일은 밥과 관련된 한 글자로 된 단어들을 다 쏠어 모으는 일이었다.
그 한 글자들을 역시 한 줄로 길게 세웠다. 모두 스물한 개의 한 글자가 앞으로나란히를 하듯 반듯하게 줄을 섰다(처음엔 돈이라는 한 글자까지 모두 스물두 개였는데, 밥과 돈을 연결시키기 싫어 막판에 탈락). 조립을 시작했다. 붙였다 뗐다, 붙였다 뗐다 하면서 글이 매끄럽게 흘러가는지 반복해서 확인했다. 울퉁불퉁 삐죽삐죽 거슬리는 게 보이면 소위 조탁이라는 것을 했다.

이제 됐다. 이 글을 자존감이라는 주제로 완성하려고 맨 마지막에 문장 하나를 덧붙였다. 그것으로 끝이다. 우리 모두는 태어나는 그 순간부터 축복받은 존재라는, 결코 가볍지 않은 주제를 다루는 글을 이렇게 놀이처럼 조립하면서 만들어 낼 수도 있다. 만약 이 글을 조립하듯 쓰지 않고 연필 꽁무니만 따라가며 썼다면 어땠을까. 아마 이런 글이었겠지.

농부가 뙤약볕 아래에서 땀 흘려 농사를 지어 쌀을 만들면 우리는 그것으로 쉽게 밥을 짓습니다. 우리는 그것을 먹고 건강하게 자랍니다. 힘든 일은 농부가 다 합니다. 그러니 농부에게 고마워해야 하고, 또 농부의 뜻을 받들어 우리 모두가 소중한 사람이라는 사실을 결코 잊어서는 안 됩니다.

아, 재미없어!

### 분리하라

또 하나의 말장난, 그것은 분리다. 조립과 반대되는 개념이다. 어떤 단어 하나를 쪼개서 각각의 의미를 나누어 보는 것이다.

통화중을 자르면
부처님과 통화하는
스님이 보인다.

연필을 그냥 연필이라 생각하지 않고, 연과 필로 나누어서 각각의 의미를 살펴보는 것이다.

분리를 위해 필요한 무기는 역시 관찰이다. 눈이다. 늘 만나는 익숙한 단어 하나도 그냥 지나치지 않고 뚫어지게 바라보면 그것을 잘라 나눌 수 있다는 발견을 하게 된다. 〈헤어짐〉이라는 글을 살펴보자.

헤어짐
좋을 땐 상대를 업고 다녀도 무겁지 않지만
싫어지면 상대의 머리카락 한 올도 짐으로 느껴진다.
이를 영어, 한글 합성어로 헤어짐이라 한다.
헤어짐이 느껴지면 헤어지게 되어 있다.

헤어짐을 관찰. 헤어와 짐으로 분리. 그랬더니 헤어라는 영어 단어 하나와 짐이라는 한글 단어 하나가 보였다. 그 다음은 머리카락이라는 의미와 무게라는 의미를 어떻게 결합시킬까, 하는 '최후의 생각'만 고민하면 된다. 말을 가지고 재미있게 논다, 라는 것이 어떤 의미인지 확실히 느꼈는가. 나누면 새로운 생각이 보인다.

나이키
사람에겐 세 가지 키가 있다.

▼

선키, 앉은키, 몇 살인지 따지는 나이키.
그러나 신체검사할 때도 나이키는 재지 않는다.
나이와 능력은 비례하지 않기 때문이다.
그래서 나이가 몇이든 지금 시작하라고
Just do it!

헤어짐과 같은 발상. 분리의 발상. 헤어짐으로 분리의 맛을 본 사람은 〈나이키〉라는 제목을 보는 순간 이게 어떻게 풀어질지 감을 잡았겠지. 글을 다 읽고는 그럴 줄 알았다, 라고 자신의 촉을 칭찬했겠지. 그런 사람은 말장난, 글장난 하는 법을 이미 절반은 익힌 것이다.

가나다. 당신은 이 세 글자를 어떻게 분리하고 싶은가. '가나' 와 '다'. '가'와 '나다'. 모두 가능하다. 나는 이를 세 조각으로 분리해 보았다.

**가나다**

가라고 말하지 마세요. 쉬이 떠나보내는 일에 익숙한 사람은 결국 혼자 남게 됩니다. 세상 누구에게도 가라고 먼저 말하지 마세요.

나라고 말하지 마세요. 세상에 나 혼자 힘으로 할 수 있는 일은 아무것도 없습니다. 나라고 말하지 말고 우리라고 말하세요.

다라고 말하지 마세요. 전부를 가지려는 욕심에 단 하나도 얻지 못할 수 있습니다. 나누면 커진다는 말을 의심하지 말고 믿으세요.

### 발췌하라

또 하나의 말장난은 단어에서 일부를 떼어내는 것이다. 단어의 일부만을 발췌하여 그것만 붙들고 노는 것이다. 그러면서 그놈에게 새로운 의미를 붙이는 것이다. 이를 어떻게 설명해야 할까. 음… 쉽지 않군. 그냥 예를 들어 보여 주는 것이 낫겠다. 〈프로와 아마의 차이〉라는 글을 보자.

**프로와 아마의 차이**
아마추어는 늘 아마라는 말을 입에 달고 다닌다.
프로와 아마추어의 차이는 확신이다.

아마추어라는 단어를 통으로 보지 않고 앞의 두 글자 '아마'를 따로 떼서 보면 누구나 발견할 수 있는 생각이다. 아마를 확신의 반대 개념으로 읽기만 하면 되는 것이다. 산울림도 〈아니 벌써〉라는 노래는 소리 박박 지르며 자신 있게 했는데, 〈아마 늦은 여름이었을 거야〉라는 노래는 기어들어가는 목소리로 불렀다.

대머리 아저씨의
한 올 남은 머리카락만은
절대 발췌하지 말 것.

프로는 주장을 하고 아마추어는 주저를 한다. 세상은 주저하는 사람보다 자신 있게 주장하는 사람을 더 만나고 싶어 한다. 그래서 프로는 바쁘고 아마추어는 한가하다. 하지만 바쁜 프로를 푹 쉬게 할 사람은 다시 아마추어다. 자신이 아는 것에 조금만 더 자신감을 갖는다면.

**습관**

세상 모든 습관 중 쓸모 있는 습관은 단 하나뿐이다.
화장실에 들어가 바지를 내리기 전에
화장지가 충분한지 확인하는 습관, 그것 하나뿐이다.
나머지 습관은 모조리 변기에 쏟아 붓고 물을 내려라.
습관적이라는 말은 습관이 적이라는 뜻이다.

이 글 역시 습관적에서 '적'을 따로 떼어내 생각한 것이다. 현학적이라는 말은 현학이 적이라는 뜻. 소모적이라는 말은 소모가 적이라는 뜻. 중립적이라는 말은 중립이 적이라는 뜻.
배우다, 라는 동사를 보라. 보는 순간 막 발췌하고 싶어지는 명사가 보이는가. 보일 것이다. 그 다음은 어떻게 해야 할까. 쓰면 된다. 말장난 하면 된다.

**배우다**

가르치는 사람을 멀뚱멀뚱 바라만 보는 게 아니라, 적극

적으로 가르침을 받아먹다. 그래서 가르치는 사람의 생
각과 행동을 그대로 흉내 낼 수 있게 되다. 가르치는 사람
대신 영화에 출연해도 좋을 만큼. 배운다는 것은 그 사람
이 된다는 뜻이다. 그래서 배우는 사람은 배우다.

하나 더. 결혼한 남자, 즉 남편이라 불리는 사람이 읽어야 할
말장난. 하지만 내겐 위크 포인트.

**싱크대**
이화여대, 숙명여대, 성신여대는 아직 여자대학이지만
싱크대는 이미 남녀공학이다.

남편들의 가사노동을 야단치는 이 글 역시 싱크대라는 단어
맨 끝에 붙은 '대'라는 한 글자를 따로 떼어내 생각한 것이다.
누군가는 '대' 대신 '싱크'라는 두 글자를 따로 떼서 또 다른 물
건을 만들겠지(그 누군가는 바로 당신). 이처럼 단어를 통째로 보
지 말고 그 단어의 어느 한 부분에 주목해서 쏙 끄집어내라.

반값등록금, 딱 한 대학만 압박하면 가능하다. 어느 대학
일까. 서울대? 고려대? 연세대? 아니, 청와대.

**중의하라**

한 단어가 두 가지 이상의 뜻을 가지고 있는 경우도 적지 않다. 이런 단어를 만나면 붙이고 떼고 할 것 없이 그대로 두고, 두 가지 이상의 뜻을 절묘하게 조화시켜 글을 만들 수 있다. 중의법 가지고 노는 것이다.

흔히 이런 말장난을 하면 노땅들의 개그니 뭐니 하는 핀잔을 듣기 쉽다. 세상이 갑자기 썰렁해졌다고 몸을 비비는 사람도 있고, 감 떨어졌다며 땅바닥을 살피는 사람도 있고, 측은한 눈으로 바라보는 사람도 있다. 수줍어하지도 창피해하지도 두려워하지도 말고 저질러라. 핀잔하는 그들은 당신만큼 절묘한 말장난을 하지 못하기에 당신이 부러워서 그러는 것이다.

자, 이제 중의법을 가지고 놀아 본 결과들을 만나 보자. 먼저 〈벌〉이라는 글이다. 꿀을 만드는 벌과 주인 몰래 꿀을 훔치다 받게 되는 벌.

**벌**

무슨 죄를 지었기에
이름이 벌인가.
꽃을 사랑한 죄.
잎이나 줄기, 뿌리는 못 본 척한 죄.
늘 달콤함만 찾아다닌 죄.

▼

이번엔 〈섬〉이라는 제목의 글을 소개한다. 섬 하면 어떤 두 가지 뜻이 살펴지는가. 바다 위에 둥둥 떠 있는 섬이 먼저 머리에 둥둥 떠올랐을 것이고, 또 하나는? 앉음의 반대말? 그렇다. 만약 이 두 가지를 쉽게 떠올렸다면 당신은 이미 〈섬〉이라는 글을 다 쓴 것이나 다름없다.

**섬**
우뚝 섰다 해서
섬.
바다 위에서도 서는데
땅 위에서 주저앉으면 안 되겠지.
당신도 섬이어야 한다.
아파도 섬이어야 한다.
아파도가 아니면
힘들어도, 억울해도, 막막해도, 울고 싶어도…
끝에 도가 붙은 섬이면 어떤 이름도 좋다.
섬.
주저앉음의 반대말.

섬이라는 단어의 중의적 의미를 활용함과 동시에, 당신도, 아파도, 힘들어도 등의 마지막에 붙은 '도'를 '섬 도(島)'로 한 번 더 말장난한 글이다.

▼

이제 이 책 절반을 넘겼다. 지루해도, 재미없어도, 라는 섬을 생각하며, 여기서 주저앉지 말고 끝까지 읽어 주기 바란다. 조금 다른 느낌의 중의적 말장난을 하나 더 보자.

**CEO**
See 25.
25%의 확률에서도 가능성을 발견하고
도전을 시작하는 사람.

당신도 CEO의 발음에서 See 25를 발견했는가? 그렇다면 박수 받을 만하다. 내가 당신에게 보내는 이 박수는 지금은 말단 사원인 당신이 언젠가는 CEO가 될 거라는 것을 눈치 채고 미리 보내는 축하의 박수다. 나중에 모른 척하기 없기다.

마지막으로 위로라는 단어를 생각해 보라. 어렵지 않게 두 가지 의미를 떠올렸을 것이다. 하나는 어깨를 토닥여 주는 위로, 또 하나는 방향을 뜻하는 위로. 이 두 가지 의미로 위로라는 단어를 재해석해 보고 싶은 생각이 들지 않는가. 들었다면 시도해 보라. 이렇게.

**위로**
아래로 처진 어깨를 위로 올려 주는 일.
아래로 숙인 고개를 위로 들게 하는 일.

따뜻한 손만 있으면 누구나 할 수 있는 일.
영어로는 up.


**교체하라**

조합하고 분리하고 발췌하고 중의하면서 놀아 본 당신은 지금쯤 단어를 조금 더 강하게 비틀어 보고 싶을 것이다. 사람은 원래 점점 더 자극적인 쪽으로 호기심이 가게 되어 있으니까. 이제 레고를 주어진 그대로 갖고 노는 게 아니라, 칼로 깎고 대패로 켜고 아교로 붙여서 레고의 모습을 바꿔 보자. 단어를 놓고 생각만 비트는 게 아니라 단어의 모습 자체를 비틀어 보자. 바로 단어교체다.

우선 한 단어를 놓고 모음 하나만 살짝, 자음 하나만 살짝 교체해 보라. 비슷하게 생긴 두 단어(쌍둥이는 아니지만 친형제쯤은 되어 보이는)가 나란히 놓일 것이다. 예를 들면 주위와 추위. 이 두 단어를 재료로 요리를 하면 된다.

**추위**
주위의 머리 위에 점 하나를 찍은 파생어.
추울수록 주위를 돌아보라는 뜻.

▼

님이라는 글자에 점 하나만 찍으면 남이 되는 인생사, 같은 유행가를 떠올리면 된다. 담과 덤. 꿈과 껌, 거울과 겨울, 행복과 항복. 이런 말들은 모음 하나만 살짝 바꾼 단어라 한집에 사는 형제처럼 보인다. 형제라면 서로 통하는 게 많겠지. 그것을 찾아 엮어 보는 것이다. 우리말의 말맛을 최대한 살려 놀아 보는 것이다.

언젠가 내 책을 일본, 대만에서 번역해 보겠다는 제안이 있었다. 그런데 〈추위〉 같은 글은 어떻게 할 것인가. 번역이 불가능하다. 우리말이 아니면 도저히 그 뜻과 맛을 전달할 수 없다. 우리말을 쓰는 우리만이 이런 즐거움을 맛볼 수 있다는 행복한 사실. 그러나 노벨문학상을 노리는 사람은 이런 언어유희는 조용히 접어야 한다는 서글픈 현실. 만약 노벨문학상을 꿈으로 가진 사람이 있다면 그에게 부탁하고 싶다. 문학은 일단 접고 먼저 언어학자나 정치인이 되어 우리말을 세계 공용어로 만드는 노력을 해달라고.

우리나라 언어학자나 정치인들이 제 역할을 못한다고 비꼬는 건 아니니 오해 없기 바란다. 아직 노벨문학상 하나 가져오지 못한 우리의 현실이 안타까워서 하는 말이라고 이해해 주기 바란다. 오해와 이해. 역시 모음 하나 교체.

**오해**
이해에 군살 3이 더 붙은 상태.

군살이 주로 붙는 곳은 팔뚝.
내 팔뚝 굵다는 지나친 자기 확신 때문.

꼭 자음 하나 또는 모음 하나만 바꿔야 하는 건 아니겠지. 함께와 합계 같은 두 단어는 자음, 모음 다 바꿨지만 생긴 것도 의미도 형제처럼 느껴진다. 어릴 때 헤어져 지금은 전혀 다른 세상을 살고 있는 배 다른 형제(지금은 서로 형제인지 모르지만 나중에 가정부가 이를 증언하고, 둘은 뜨겁게 포옹하고, 그러나 다시 아버지의 유산 때문에 등을 돌리고. 아, 드라마에서 지겹게 본).

함께
너와 나의 합계.
그러나 덧셈만으로는 설명이 되지 않는 불가사의한 계산.
너와 나의 크기를 더한 것보다 훨씬 더 커지니까.

어디에서부터 어디까지만 교체해야 한다는 법칙은 물론 없겠지. 당신의 눈이, 당신의 머리가 교체해도 된다고 허락만 한다면 다 좋다. 누가 그럴싸하게 정리해 놓은 이론보다 당신의 감각을 믿는 게 훨씬 현명하니까. 마지막 선수교체는 축구와 촉구. 이를 내가 어떻게 풀었는지 감상하시라.

축구

"나는 너를 사랑해."
'랑'을 '낭'으로 교체하면,
헉!

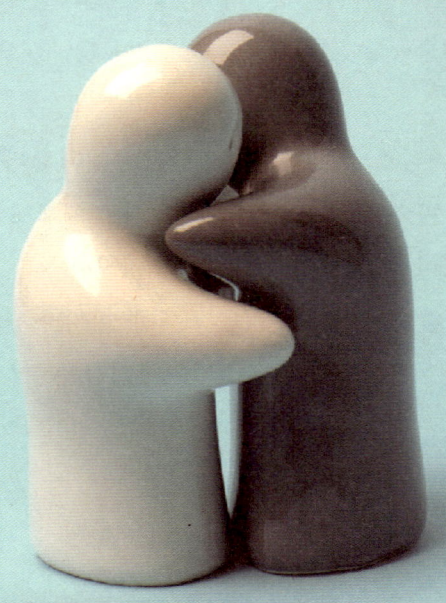

열한 명 대 열한 명. 더하면 스물두 명. 거기에 심판이 셋. 총 스물다섯 명이 축구공 하나를 90분 내내 죽어라 쫓아다니는 게임. 수요와 공급의 지독한 불일치가 인생을 얼마나 진땀나게 하는지 가르쳐 주는 게임.

**촉구**

수요와 공급의 지독한 불일치를 극복하는 방법은 축구가 아니라 촉구. 선수와 심판 모두가 지금 그 자리에서 뜀박질을 멈추고, 스물네 개의 축구공을 추가투입 해달라고 한 목소리로 촉구해야 한다. 불합리와 부조리에 저항하지 않으면 수요와 공급이 일치하는 날은 영원히 오지 않는다.

## 억지하라

조금 억지다 싶은 것도 망설이지 말고 연결하라. 공통점이라고는 눈 씻고 찾아봐도 없는 것들일지라도 억지로 붙여 보라. 말도 안 되는 논리와 비약이라는 꾸중을 듣더라도 억지를 부려 보라. 서로 어울릴 것 같지 않은 두 사람이 부부가 되는 것을 당신은 수없이 지켜보지 않았던가. 붙이면 붙는다.

몇 가지 예를 들어 보겠다. 조금 전 '분리하라'에서 살펴본 헤

▼

어긋남이라는 단어의 동의어로 이별이 있다. 남자와 여자가 만나 서로 관심을 갖고 사랑하고 갈등하고 헤어지고 다시 미련을 갖는 과정, 즉 사랑하는 사람들이 늘 겪는 둘만의 심리 상태를 전혀 관련 있어 보이지 않는 것과 붙여 보는 것이다.

이를테면 문장부호. 느낌표, 쉼표, 물음표, 말줄임표, 마침표, 도돌이표 같은 문장부호와 남녀의 연애감정은 아무런 관계가 없다. 이런 표들보다 차라리 영화표나 연극표, 연주회표가 훨씬 가까워 보인다. 하지만 눈 딱 감고 그것들을 억지 연결시켜 보는 것이다. 왜? 그냥. 그렇게 하고 싶으니까. 다시 말하지만 붙이면 붙는다.

**이별**

남자와 여자가 만나 서로의 가슴에 느낌표를 찍고
서로의 품에서 쉼표를 찍다가
어느 날 서로에게 물음표를 던진 후
한동안 조용히 말줄임표를 찍고
결국 서로의 기억에 마침표를 찍는 것.
그리고 둘 중 한 사람은 자꾸 도돌이표를 만지작거리는 것.

또 하나의 억지. 고등어가 있다면 초등어도 있고 중등어도 있을 거라는 억지. 정말 말도 안 되는 억지.

**고등어**

초등어가 물었다.
고등어가 되면 낚시 바늘에 속지 않겠죠?
중등어가 물었다.
고등어가 되면 지렁이의 유혹을 견딜 수 있겠죠?
고등어가 물었다.
방금 물속으로 들어온 낚시 바늘을.
나이가 해결해 주는 건 아무것도 없다.

이 글처럼 나이가 해결해 주는 건 아무것도 없다. 나이 먹었다고 점잖은 체 하지 말고 아이처럼 놀고 아이처럼 말장난을 하라. 나이 얘기가 나왔으니 나이 가지고 억지스러운 말장난을 하나 더 해 보자. 나이의 두 번째 글자를 한글이 아니라 숫자 2로 바꿔 놓으면 나2가 된다. 나2가 있다면 나1도 있겠지.

**나이**

나2.
나를 구성하는 주요 요소인 나1은 꿈, 가족, 친구.
그다지 중요하지 않은 요소인 나2는 나이, 외모, 학력.

물론 억지는 억지다. 무리다. 하지만 이렇게 자꾸 무리를 해야 한다. 그래야 평범한 발상을 뛰어넘을 수 있다. 때로는 억지, 무

▼

리, 과장을 피하지 말고 적극 껴안을 필요도 있다. 억지를 자꾸 부리다 보면 발상은 억지지만 결과물은 그다지 억지스럽게 보이지 않는 포장기술도 생긴다.

당신이 지금 이 책을 읽을 수 있는 이유는 무엇일까. 눈이 있어서? 시간이 남아서? 아빠가 용돈을 줘서? 나는 그 이유를 꼬리가 없기 때문이라고 생각한다.

**꼬리**

당신이 지금 앉아서 이 책을 읽을 수 있는 건 꼬리가 없기 때문이다. 꼬리가 달린 동물은 꼬리가 짓눌려 의자에 오래 앉아 있을 수 없다.

찾아보면 뭔가를 갖고 있지 않아서 행복한 경우도 수없이 많다. 그러니 가끔은 부족하게 해 주셔서 고맙습니다, 라는 인사도 해야 한다.

당신은 창의력이 부족한가. 그렇다면 부모님이든 하느님이든 누구에게든 부족하게 해 주셔서 고맙습니다, 라고 인사하라. 창의력이 철철 넘쳤다면 이런 책 따위는 읽지 않았겠지. 책값으로 생맥주 500씨씨 다섯 잔을 마시겠지. 취하겠지. 당신을 떠나 버린 그 또는 그녀가 생각나겠지. 아직 당신의 휴대전화엔 그 또는 그녀의 번호가 지워지지 않았겠지. 많이 망설이다 문자를 보내겠지. 나 술 늘었나 봐. 당연히 답장이 안 오겠지. 보고 싶기도

▼

하고 야속하기도 하고 화도 나겠지. 자존심도 상하겠지. 괜히 문자 보냈다고 후회하겠지. 쪽팔림을 만회하고 싶어지겠지. 그래서 다시 문자를 보내겠지. 문자 잘못 갔어. 두 번의 문자를 받은 그 또는 그녀의 반응은 어땠을까. 아직 살아 있는 당신의 번호를 조용히 지우겠지. 이제 실낱같은 희망마저 끊어져 버린 거지. 그놈의 철철 넘치는 창의력 때문에.

꼬리 글도 억지고 그 또는 그녀 이야기도 억지인가? 그렇다면 다행. 내 의도 적중. 내 목적 달성(나는 서서 책을 읽는다고 우기는 자가 분명 있을 텐데, 대꾸하지 않겠음).

### 말장난은 말장난으로 그치지 않는다

글이 무엇인가. 단어와 단어를 연결한 것이다. 단어들을 붙여 문장을 만든 것은 모두 글이다. 말장난은 글이 아니라고 하는 건 글이 순결하고 고결하고 고귀하고 경건해야 한다는 선입관을 갖고 있음을 스스로 실토하는 것이다.

이런 사람들은 글을 읽을 때 글 앞에 서서 모자를 벗고 최대한의 경의를 표한 후에 읽어야 한다고 주장할지도 모른다. 글이라고 말하면 호통을 치면서 글님이라 불러드려야 한다고 주장할지도 모른다. 그냥 픽 웃으면 된다. 앞서 말한 대로 이들은 말장난에 소질이 없어 당신에게 질투를 느끼고 있음이 분명하다.

사랑에 눈을 뜨면, 사랑에 눈이 먼다.

내 책에 실린 〈사랑의 모순〉이라는 제목의 한 줄 글이다. 말장난으로 볼 수도 있지만 이 짧은 한 줄 속에 글의 맛도 살아 있고 생각하게 만드는 힘도 제법 있다. 재미도 있다. 당신의 첫사랑을 생각해 보라. 고개를 끄덕일 것이다. 글은 읽혀져야 한다. 읽혀지려면 쉽고 재미있어야 한다. 때로는 가벼울 수도 있고 때로는 유치할 수도 있고 때로는 떠들썩할 수도 있다.

단어와 단어를 붙여 문장을 만든다는 것은 같지만 일반적인 글들과는 조금 다른 화법을 구사하는 것, 그것이 말장난이다. 창피당할까 두려워 말 가지고 노는 것을 피하지 마라. 나는 이렇게 말장난을 해 봤어, 너는? 하고 오히려 당당하게 배를 툭 내밀며 말장난을 하라.

말장난을 하라는 건 말장난을 통해 재미있고 의미 있는 글을 많이 써내라는 뜻만은 아니다. 머리를 가지고 노는 연습을 하라는 것이다. 머리를 가지고 노는 방법 중 가장 쉬운 방법이 말장난이니 그것을 해 보라는 것이다. 또 내가 지금까지 말한 조립, 분리, 발췌, 중의, 교체, 억지 등의 말장난을 글 쓰는 요령으로만 받아들이지 마라. 그것들의 원리를 당신이 지금 하고 있는 일에 그대로 적용시켜 보라.

▼

조립을 통해 단편영화를 편집할 수도 있고, 분리의 발상으로 레크리에이션 프로그램을 개발할 수도 있고, 발췌를 힌트로 어느 특정 부분이 크게 강조되는 개성 있는 그림을 화폭에 펼쳐 보일 수도 있고, 중의의 방법으로 음식점 세트메뉴를 개발할 수도 있고, 교체를 핵심 아이디어로 여러 제품의 장점을 혼합한 새로운 진공청소기를 개발할 수도 있고, 억지에서 다음 올림픽 시범종목으로 채택될 새로운 스포츠를 잉태할 수도 있다.

나는 글 쓰는 사람이 아니니 패스! 또 글이네, 또 패스! 아직도 이런 자세로 이 책을 읽고 있다면, 책을 읽는 효과는 다른 사람의 절반에도 미치지 못할 것이고, 당신이 투자한 그 아까운 책 값의 절반은 날개를 달고 허공으로 날아가 버릴 것이다.

말장난은 말장난으로 그치지 않는다. 그 말을 머리가 생각해 내야 하니까 머리장난이고 두뇌장난이다. 말장난 말고 다른 더 좋은 방법이 있다면 그것을 통해 머리 사용법을 익혀도 좋다. 하지만 내가 발견한 가장 쉬운 방법, 가장 좋은 방법은 말장난, 글장난이다. 말이나 글을 가지고 아이처럼 노는 것이다.

### 내 책보다 먼저 살 책

나는 추천도서를 물어보는 질문에 가끔 국어사전이라고 대답한다. 국어사전은 내게 가장 큰 영향과 도움을 준 책이다. 늘 손이 닿는 곳에 이 국어사전을 두고, 맞춤법이 헷갈릴 때, 단어의 정확한 의미를 알고 싶을 때 펼친다. 머리가 멍해져 아무 생각이 나지 않을 때도 펼친다. 그곳에서 내 눈과 마주치는 단어 하나가 내 머리에 쿵! 하는 울림을 주며 그때부터 뇌의 움직임이 활발해질 때도 있다. 그동안 내가 쓴 몇 권의 책은 사실 이 사전이라는 친구와의 공동 집필이었음을 자백한다.

말을 가지고 놀겠다는 생각이 있다면 국어사전과 친해져야 한다. 국어사전 한 권은 늘 당신의 책상 위에서 굴러다녀야 한다. 사전에는 세상 모든 말이 들어 있으니, 세상의 모든 생각이 들어 있는 것이다. 그러니 국어사전은 생각사전이고 발상사전이다. 필요할 때 필요한 만큼 끄집어내 쓰면 된다. 아무리 갖다 써도 그 두께가 줄지 않는다(책상에 머리 박고 낮잠 잘 때 베개로도 사용할 수 있을 만큼 활용의 폭도 넓다).

'목'으로 시작하는 단어들 가지고 말장난을 하려면, 먼저 국어사전을 펼쳐야 하지 않겠나. 사전을 펼쳐야 목걸이, 목공소, 목구멍, 목탁, 목련, 목욕, 목화, 목도리, 목불인견, 목민심서 같은 단어를 만날 수 있지 않겠나.

'목'으로 끝나는 단어들 가지고 말장난을 하려면, 먼저 우리말역순사전을 펼쳐야 하지 않겠나. 그래야 길목, 떼목, 건널목, 발목, 여울목, 나들목, 병목, 광목, 강목, 안목, 오목조목 같은 단어를 찾을 수 있지 않겠나.

▼

　단순히 말을 가지고 아무 의미 없는 장난을 치라는 것은 아니다. 세상 모든 아이디어는(그것이 주방제품이든 우주선 개발계획이든) 말이라는 그릇에 담겨 세상에 발표된다. 같은 아이디어도 어떤 말로 어떻게 표현하고 포장하느냐에 따라 그 평가와 가치가 달라진다. 말과 친해져야 그 말을 제대로 소화할 수 있고, 제대로 소화할 수 있어야 말이라는 그릇에 담긴 내용물도 더욱 근사하고 먹음직스럽게 만들 수 있다는 얘기다.
　언젠가 국어사전을 들고 놀다 호기심이 발동한 적이 있다. 국어사전 속에 살고 있는 그 많은 말들, 그 중 맨 마지막 단어는 무엇일까 하는 호기심. 그 호기심이 〈힝〉이라는 글을 만들어 주기도 했다.

### 힝

　국어사전을 뒤적거리다 문득 맨 마지막에 실린 단어는 무엇일까 궁금해졌다. 찾아보니 힝이었다. 이런 단어도 있었나? 뜻을 찾아보니 아니꼬워서 비웃는 콧소리, 라고 적혀 있다. 그러고 보니 그리 낯선 단어도 아니다. 우리가 하루 종일 내뱉는 소리 혹은 듣는 소리의 절반은 바로 힝이 아니었던가. 남을 비웃는 힝, 정치를 비웃는 힝, 문화를 비웃는 힝, 세상을 비웃는 힝…. 그렇게 우리는 힝힝거리며 살고 있다. 그런데 이 단어가 국어사전 맨 끝에 붙어 간신히 살아남은 이유는 무엇일까? 어쩌면 힝! 소리를 참을 수 있는 끝까지 참아 보자는 뜻인지도 모른다. 대신 힘! 소리를 서로에게 던지며 용기를 주자는 뜻인지도 모른다. 부정의 힘은 긍정의 힘을 이길 수 없으니까.

만약 국어사전이 없어 맨날 네이버나 다음에서 단어의 뜻을 구걸하고 있다면 당장 서점부터 달려가라. 내 책 한 권 사지 않아도 좋으니 사전부터 사들고 와라. 그리고 그 사전 옆면에 새까맣게 손때가 묻을 때까지 가지고 놀아라.

국어사전 사고 돈이 남으면 한자사전도 한 권 욕심내 보라. 그리고 헐이라는 말을 한자사전에서 찾아보라. '놀라 달아날 헐'이라는 한자도 있다는 사실에 헐! 하고 놀랄 것이다. 그래도 여전히 돈이 남으면 영한사전도 한 권 들고 와라. 그래야 B로 시작하는 매력적인 단어가 어떤 게 있을까, 하면서 사전 뒤적거려 이런 글도 쓸 수 있다.

**지름길**

A지점에서 B지점을 거치지 않고 C지점으로 곧바로 가는 길. B지점에서만 만날 수 있는 Bird(자유로운 새), Beach(탁 트인 해변), Bread(맛있는 빵), Beauty(아름다운 여인) 모두 다 포기해야 하는 길. 즉 빠르다는 것은 놓치는 게 있음을 알려 주는 길.

돌〉 물구나무에서 새싹이 돋는다

**발라당!**

가자!
때가 왔다.
포기할
생각 마라.
승리는
우리의 것이다.
하찮은 무기를 보라.
반드시 승리한다.
적들은
멍청이다.
제군들 모두가
살아남을 수 있다.
도망치는 자는
용서치 않겠다.
영웅이 되고 싶은가!

    포탄이 머리 위로 쏟아지는 전쟁터에서 한 장교가 부하들을 모아 놓고 한 연설이다. 승리가 눈앞에 있으니 포기하지 말고 용감하게 나가 싸우자는 내용이다(이래 놓고 장교는 맨 뒤에 서겠지). 그런데 이 연설을 발라당 뒤집어 보라.

▼

영웅이 되고 싶은가!
용서치 않겠다.
도망치는 자는
살아남을 수 있다.
제군들 모두가
명청이다.
적들은
반드시 승리한다.
하찮은 무기를 보라.
우리의 것이다.
승리는
생각 마라.
포기할
때가 왔다.
가자!

거꾸로 읽으니 완전 반대 이야기다. 아군의 처참한 현실이 보이고 아군들은 곧 다 도망가게 생겼다. 인터넷에 돌아다니는 글이지만 뒤집기가 얼마나 새로운 세상을 보여 주는지 잘 설명해 준다. 발상전환을 위한 세 번째 요령은 '돌자'다. 확 뒤집으라는 얘기다. 어떤 사물이나 현상을 뒤집는 것만으로도 아이디어가 바로 손에 잡힐 때가 생각보다 많다. 이제부터 세상의 모든 것을 뒤집고 세상마저 뒤집어 보자.

### 생각해 봐서 뒤집는 게 아니라

뒤집을 때 꼭 지켜야 할 한 가지가 있다. 이런저런 생각을 해 보고 나서, 좋은 아이디어가 잘 안 떠오르는데 한번 뒤집어 볼까? 하지 말라는 거다. 무조건 뒤집으라는 거다. 생각해 봐서 뒤집는 게 아니라, 일단 뒤집어 놓고 생각하는 자세를 습관화하라는 것이다. 이건 뒤집어도 별 거 없을 것 같아, 이런 섣부른 판단은 하지 말라는 것이다. 실제로 뒤집어도 별 게 없으면 어떡하느냐고? 그땐 다시 원위치해 하던 생각을 이어가면 된다. 창의적이라는 말을 듣는 사람은 뒤집어 보는 게 이미 습관이 되어 있다. 뒤집은 후 동쪽에서 뜬 해가 서쪽으로 질 때쯤 아이디어를 발견할 수도 있지만, 그냥 뒤집는 그 순간 아이디어가 내 눈앞에 불쑥 나타나는 경우도 수없이 많다. 그러나 막상 뒤집기 전에는 그게 잘 보이지 않는다는 것이 함정이다. 뒤집어라. 뒤집어서 손해 보는 건 아무것도 없다.

그런데 이 장의 제목이 왜 '뒤집자'가 아니라 '돌자'냐고? 다른 장이 모두 다 두 글자라서 미관상 그렇게 붙였다. 그런 것 시비 걸지 말고 뒤집는 일에 종사하라. 하늘에서 보면 난장이의 키가 제일 크다.

돌: 나는 그냥 뒤집기만 했습니다

### 경력을 거꾸로 읽어 보세요

내가 쓴 글 중에 〈경력의 의미〉라는 글이 있다. 그런데 엄밀히 얘기하면 이 글은 내가 쓴 글이 아니다. 뒤집어 봤더니 그냥 글이 되어 버렸다. 나는 글을 쓴 게 아니라 그냥 뒤집기만 했다. 그런데 정말 많은 사람들이 공감해 주었다. 내 글 솜씨에 공감한 게 아니라 내 뒤집기에 공감해 주었다.

경력을 거꾸로 읽어 보세요.
그냥 얻어지는 경력은 없습니다.

딱 두 줄이다. 나머지 설명은 할 필요도 없겠지. 독자들이 알아서 역경이라는 단어를 찾아낼 테니까. 그리고 무릎을 탁 칠 테니까. 어떤가. 당신도 무릎을 탁 쳤다면 이런 글 하나 만들어 보고 싶지 않은가. 사람들이 가장 소중하게 생각하는 단어, 가장 관심이 큰 단어들을 다 꺼내 놓고 하나하나 뒤집어 보라. 당신의 입에서 앗! 하는 감탄사가 나올 만한 발견을 할 테니까. 이를테면 열정 같은 단어.

**열정**

정열의 동의어. 처음에는 정열이라는 단어였는데, 뒤에 위치한 열이 뜨거운 기운을 주체하지 못해 과속을 하며

거전자

돌

정을 추월해 앞으로 달려 가버린 상태. 그러나 교통경찰도 단속 대신 박수를 쳐 주었다는 전설이 전해져 오는 뜨겁고 아름다운 단어.

### 오늘 할 일을 내일로 미루어라

우리가 잘 아는 속담, 격언, 명언들을 뒤집어 보라. 머릿속에 정답처럼 각인된 문장일수록 뒤집었을 때 느끼는 반전의 힘은 커진다. 내게 걸린 속담은, 오늘 할 일을 내일로 미루지 마라. 나는 이를 뒤집어 〈성공하고 싶다면〉이라는 글을 만들었다.

성공하고 싶다면 오늘 할 일을 내일로 미루어라.
오늘은 어제 매듭짓지 못한 일을 하라.
성공하고 싶다면 오늘 할 일을 내일로 미루어라.
오늘은 어제 대충 매듭지은 일을 다시 하라.
성공하고 싶다면 오늘 할 일을 내일로 미루어라.
그러나 모레로 미루지는 마라.

오늘 할 일을 내일로 미루면 정말 안 되는 걸까? 하면서 생각을 뒤집어 봤더니, 그래도 된다는 결론이 나왔다. 이렇게 발상 전환은 당연하다고 생각해 온 것들을 슬슬 의심하다가 확 뒤집는 것이다.

### 부부싸움은 칼로 물 베기

부부 사이의 싸움은 오래가지 않는다는 뜻으로 이해하기 쉽다. 그러나 그건 물의 입장에서 그렇다는 것이지 칼의 입장은 전혀 다르다. 칼에 잘린 물은 금방 원위치 하지만 물에 자주 닿은 칼은 결국 녹슬고 만다. 부부싸움의 상처, 생각보다 오래 간다. 가슴에 못을 박는 아픈 얘기는 입 밖으로 내보내서는 안 된다.

이 글은 속담 자체를 뒤집은 게 아니라 속담의 의미를 뒤집어 본 글이다. 칼로 물 베기라는 의미를 쉽게 되돌아오는 상태가 아니라 심각한 상태라고 뒤집어 놓고 생각해 봤더니 이런 글이 만들어진 것이다. 부부에게도 금도는 있는 법이니까.

뒤집어 볼 것은 속담뿐이 아니다. 춘향전, 홍길동전, 혈의 누, 시일야방성대곡도 가져와서 뒤집어 해석해 보라. 햄릿이나 로미오와 줄리엣도. 성경도, 불경도, 당신의 집 가훈도.

단어가 가진 일반적인 뜻을 뒤집어 보는 것도 재미있다. 당신은 포기라는 말은 언제 써야 한다고 들었는가. 오직 배추 셀 때만? 그렇다. 김장철이 아니면 절대 사용해서는 안 되는 말이라고 들었을 것이다. 그래서 당신은 포기라는 말을 흉악범처럼 미워한다. 그러나 꼭 그럴까. 정말 포기하면 안 되는 걸까(이런 의심, 아주 바람직한 의심). 포기에 대한 일반적인 생각도 뒤집어봤더니 충분히 그럴싸한 오답이 보였다.

**포기**
1%의 가능성만 있어도 포기하지 말라는 가르침을 가훈처럼 모시고 사는 사람들에 의해 오랫동안 무시당해 온 단어. 그러나 하나뿐인 인생을 희박한 가능성과 맞바꿀 수 없다는 사람들에 의해 조용히 존중받는 단어. 포기도 선택이다.

어쩌면 포기가 진정한 용기인지도 모른다. 지금 하고 있는 일이 너무 싫은데, 한 번 선택한 길이라서, 포기는 세상에서 뒤처지려고 결심한 루저들이나 하는 거라고 귀에 못이 박히도록 들어서 그냥 질질 끌려가는 경우가 적지 않다. 그러나 진짜 용기 있는 사람은 질질 끌려가는 것을 과감하게 포기하고 새로운 도전을 시작하는 사람이 아닐까. 불가능은 없다는 나폴레옹의 말을 너무 믿지 마라. 세상엔 불가능을 가능으로 만든 사람보다 나폴레옹 흉내 내다 쓰러진 사람이 훨씬 많다.

 단어를 뒤집듯 단어의 의미를 뒤집듯, 당신의 인생도 한번쯤 확 뒤집어 놓고 생각해 보라. 당연히 잘 닦인 고속도로라 생각했던 길, 그래서 쌩쌩 달릴 거라고 믿었던 길이 비포장도로였다는 것을 발견할 수도 있고, 앞날이 깜깜해서 주저앉아 있는 당

▼

신 눈앞에 갑자기 뻥 뚫린 새로운 길이 여기저기 나타나 행복한 고민을 하게 될 수도 있다.

### 다양한 뒤집기 기술

**새우잠의 비밀**
당신이 지금 발을 뻗을 수도 없는 단칸방에서
새우잠을 잔다 해도 부끄러워하거나 절망하지 마세요.
당신이 새우잠을 자는 이유는 방이 좁아서가 아니라
당신이 너무나 큰 사람이기 때문입니다.

뒤집는다는 게 어떤 것인지 잘 보여 주는 글이다. 누구나 방이 좁다고 생각하는 상황을 뒤집어 본 것이다. 생각의 틀을 뒤집어 본 것이다. 그랬더니 방이 작은 게 아니라 사람이 크다, 라는 오답이 나온 것이다. '작다'라는 전제가 보이면 일단 뒤집어서 '크다'라고 전제를 바꿔 생각하라. 그러면 보이지 않았던 새로운 그림이 머릿속에 그려진다. 그때 머릿속에 카메라를 집어 넣어 찰칵 사진을 찍어 들고 나오면 된다.

자, 이번엔 형태적 뒤집기 한판을 보자. 이제껏 당신이 읽은 시나 소설, 수필, 콩트, 논문, 사설 등은 모두 제목과 본문이 있었을 것이다. 그런데 놀랍게도(정말 놀라운 일이지) 이 모든 글은

자살할 수 없는
유일한 동물, 박쥐.
'자살'을 결심하는 순간,
그 결심이
'살자'가 된다.

자

▼

제목이 본문보다 짧았을 것이다. 문장법에 그런 규칙이 있는 것도 아닌데 모든 글쟁이들은 그것을 신앙처럼 지키고 있다. 어떻게 된 일일까. 정말 제목이 본문보다 길면 안 되는 걸까.

**거칠고 어둡고 답답한 이 세상에서 밀려나지도 상처받지도 쓰러지지도 않고 꿋꿋하게 내 길을 걸으며 살아갈 수 있는 거의 유일한 방법**
웃는다.

거칠고 어둡고 답답한 이 세상에서 밀려나지도 상처받지도 쓰러지지도 않고 꿋꿋하게 내 길을 걸으며 살아갈 수 있는 거의 유일한 방법. 여기까지 제목이다. 웃는다. 이 세 글자가 본문이다. 제목이 짧고 본문이 긴 글이 꼭 정답일 이유는 없다.

우리는 사람을 처음 만나면 먼저 나이를 묻는다. 좋지 않은 습관이다. 어느 학교 출신인지 묻는다. 좋지 않은 습관이다. 심지어는 어느 아파트 몇 평에 사는지 묻는다. 그냥 좋지 않은 습관이 아니라 아주 나쁜 습관이다. 이 정도면 더는 말을 섞지 말아야 한다.

왜 이런 것들을 물을까. 그 사람의 배경을 통해 그 사람을 미루어 짐작하려고 하니 이런 질문을 하는 것이다. 나이, 학교, 직장, 집은 그 사람이 아니다. 그 사람을 알고 싶으면 그 사람을 봐야 한다.

서론이 길었다. 나이 묻는 질문 이야기를 하려다 공자님 이야기로 말이 새고 말았다. 다시 제 길을 찾아 간다. 나이가 몇이세요? 바로 이 질문. 자주 듣고 쉽게 대답하는 질문이다. 그런데 이 질문을 뒤집어 보면 느낌이 확 달라진다. 같은 질문일 수 있지만 질문을 받는 사람에게 주는 압박은 결코 같지 않다. 그 느낌을 글로 옮겨 봤다.

**나이**
나이가 몇이세요?
우리는 이 질문에 아무 생각 없이 대답해 왔다.
스물이라고.
서른이라고.
벌써 마흔이라고.
같은 질문을 조금만 뒤집어 보자.
남은 나이가 몇이세요?
과연 아무 생각 없이 대답할 수 있을까.

살아온 나이를 뒤집었더니 살아갈 나이가 보였다. 이를 질문으로 만들었더니 이런 글이 생산된 것이다. 청춘들은 이 질문에 별 충격이나 감흥이 없을지 모른다. 하지만 중년쯤 되면, 남은 나이가 몇이세요? 라는 질문에 갑자기 생각이 많아질 것이다.
내가 지금 쉰이니까 남은 나이가 스물? 서른? 아, 얼마 남지 않았어. 하루하루를 아껴가며 제대로 좀 살아야 할 텐데. 오늘은 내가 뭘 하고 살았지? 만약 이 글을 읽은 사람이 이런 혼잣말을 중얼거린다면 질문 뒤집기는 나름 성공.

**손금**
어머니의 손바닥에 새겨진 손금으로는 어머니를 들여다 볼 수 없다.
어머니가 어떻게 살아왔는지 말해 주는 진짜 손금은 손등에 새겨져 있다.

이 글은 왜 손바닥에만 손금이 있고 손등에는 손금이 없을까? 하는 질문에서부터 출발했다. 정말 손등엔 손금이 없는 걸까? 하는 의심에서부터 출발한 것이다. 그러자 우리 어머니의 손등이 떠올랐다. 자식들 키우느라 가꾸고 돌볼 틈이 없었던 우리 어머니들의 거친 손등. 손바닥과 손등을 뒤집어 가며 생각하지 않았다면 쉽게 떠올릴 수 있었을까?

이런 뒤집기도 있다. 사투리와 표준말의 뒤집기. 사투리도 그 지방에서는 표준말이다. 그래서 사투리의 의미를 뒤집어 생각해 봤다. 그랬더니 우리가 하루에도 수십 번씩 내뱉는 표준말 안에 사투리가 섞여 있을지도 모른다는 생각이 들었다. 결국 사투리는 말 자체가 아니라 그 말 속에 담은 부정적이고 권위적인 마음이라는 데까지 생각이 미쳤다.

**사투리**
우리가 자주 사용하는 사투리.
절대로 용서 못해.
너 지금 제 정신이니?
나 없으면 되는 게 없어.
그걸 어떻게 믿어요.
이것도 아이디어라고.
연락하지 마세요.
그건 해보나 마나야.
너 몇 등이니?

이 모든 사투리들의 표준말,
나가 니를 허벌나게 사랑한당께.

   요즘 당신은 얼마나 많은 사투리를 쓰고 사는지 딱 1분만 반성할 것. 물론 반성문 같은 것을 내게 제출할 필요는 없음. 나도 그렇게 살고 있으니까.

## 돌

### 뒤집기 한 판의 힘

### 내 머리 사용법

카피라이터에서 작가로 내 무게중심을 옮겨준 책이 바로《내 머리 사용법》이다. 책엔 내가 내 머리를 사용하여 쓴 글들이 가득 담겨 있다(지금 당신이 보고 있는 이 책에 실린 글 상당수도 이 책 출신이다). 이 책을 본 독자들의 반응은, 신선하다! 이 한마디로 요약된다. 물론 글들이 신선하다는 얘기겠지만 또 하나, 책의 구성 역시 신선도를 높여주는 데 크게 한몫 했다(이 책을 읽은 한 독자의 리뷰. "속았다." 제목에 속았다는 얘기. 머리를 사용하는 방법을 알려 주는 책인줄 알고 샀는데 그게 아니어서 화가 났다는 얘기. 아! 그 독자에게 필요한 책은 지금 당신이 읽고 있는 바로 이 책이었는데! 지각해서 미안하다).

책을 2/3쯤 읽으면 'The End'가 나온다. 책을 다 읽지도 않았는데 끝이라니! 어리둥절한 표정을 짓고 있을 때, 그 페이지의 마지막 문장에서 당신이 지금 무슨 생각을 하고 있는지 다 안다는 듯이 책의 맨 끝으로 가라고 한다. 가라고 하니 가 본다. 책의 뒷표지엔《생각을 뒤집는 인생사전 101》이라는 또 하나의 제목이 적혀 있다. 여기서부터 다시 시작! 이라는 친절한 안내도 빠뜨리지 않았다. 이제 그곳에서부터 거꾸로 책을 읽어 나가면 된다. 그래서 이 책은 한 권이 아니라 두 권이다. 한 권 값을 주고 산 독자의 입장에선 물론 남는 장사다.

책은 왼쪽에서 오른쪽으로 읽어야 한다는 고정관념 뒤집기.

▼

한 권의 책엔 하나의 제목만 달아야 한다는 고정관념 뒤집기. 이 같은 파격이 조금 더 책을 주목하게 했을 것이고 책이 베스트셀러가 되는 데 힘을 보탰을 것이다.

이 책, 지금 서점에 있다.

### 애인이 갑자기 증발해 버린다면?

당신의 애인이 하루아침에 수증기처럼 증발해 버린다면? 그럴 수도 있지 뭐, 하며 잘 견딜 수 있을까(이럴까 봐 제가 아직 솔로입니다, 같은 대답은 안 들은 걸로 하겠다). 물론 힘들겠지. 하지만 막상 그런 일이 눈앞에 일어나지 않으면 그게 얼마나 힘든 상황인지 가늠하기 어렵다. 그것을 알 수 있는 방법은 실제로 그런 상황을 접하는 것뿐이다.

실제로 그런 상황을 만든 회사가 있다. 바로 버거킹이다. 버거킹이 50주년 기념행사로 마련한 프로모션은 무엇이었을까. 그동안 고마웠습니다, 하며 고객에게 햄버거를 듬뿍 안겨 주는 행사였을까. 아니다. 정반대였다. 버거킹은 햄버거를, 그것도 그들의 대표 메뉴인 와퍼를 증발시켜 버렸다. 하루아침에 버거킹 매장에서 와퍼가 사라져 버린 것이다.

고객들은 화를 내며 절망했다. 그 자리에 주저앉아 울었다. 값을 두 배로 낼 테니 제발 와퍼를 내놓으라고 통사정했다. 사람들은 늘 자신 곁에 있을 거라고 믿었던 것이 사라지고 나서야 그것이 얼마나 소중했는지 깨달았다. 며칠이 흘렀다. 매장에 다시 와퍼가 등장했다. 사람들은 반가워했고 감격했고 소리를 질렀다. 매출이 오히려 29퍼센트나 뛰었다.

칸느 광고제에서 캠페인 부문 본상을 수상한 이 프로모션은 뒤집기 한판의 힘을 여실히 보여 줬다. 기념행사라는 건 고객에게 샘플 하나라도 더 챙겨 줘야 한다는 고정관념을 뒤집은 것이다. 뭘 더 줄까, 하는 생각을 뭘 빼앗을까, 로 뒤집은 것이다.

애인이 있다면 있을 때 잘 하고, 곁에 남편이나 아내가 보이면 보일 때 잘 하고, 부모가 계신다면 계실 때 잘 하라. 이들이 하루 아침에 증발했을 때의 충격은 햄버거 따위와는 비교할 수 없을 테니.

### 기대에 어긋나라

얼마 전 한 개그 프로그램에서 이런 얘기를 들었다. 허리둘레가 남들 두 배쯤 되는 뚱뚱한 친구의 입에서 나온 말이다. "세상에는 두 종류의 음식이 있다. 맛있는 음식과 아주 맛있는 음식."

이런 게 반전이다. 사람들의 기대를 무참히 깨뜨려 버리는 한마디. 맛없는 음식이나 만들다가 만 음식이라는 말이 뒤따라 나올 거라 기대하고 있을 때 이를 뒤집어 버리는 기술. 특히 광고

▼

에서는 이렇게 반전이 있는 유머광고가 많다. 마지막에 킥 웃게 만드는 광고. 처음부터 끝까지 웃기려 하는 것보다 이렇게 마지막에 확 뒤집는 반전이 훨씬 힘이 세다. 기대에 어긋나라. 허를 찔러라. 그것이 발상전환이고 그것이 오답이다.

  당신도 할 수 있다. 자꾸 허를 찌르는 연습을 하고 그것을 습관으로 만들어라. 한 번 당신에게 허를 찔린 사람은 당신을 만날 때마다 다시 허를 찔리고 싶어 옆구리를 내주며 안달할 것이다. 내게 허를 찔린 사람들의 반응도 다르지 않았다. 나는 〈여행〉이라는 글로 사람들의 허를 찌른 적이 있다.

**여행**
빈틈없는 계획이 섰니?
그럼 가지 마.
여행은 틈을 만나러 가는 거야.

  출발하는 순간부터 돌아오는 날까지 스케줄, 스케줄, 스케줄. 일상에서 벗어나 여유를 찾겠다고 움직였는데 일상보다 더 여유와 멀어진 시간을 과연 여행이라 이름 붙일 수 있을까.

  〈여행〉이라는 글로 이렇게 사람들의 허를 찌르고, 찔린 허가 다 아물기도 전에 다시 한 번 그들의 허를 찔렀지. 〈별과 달 중에〉라는 글로.

**별과 달 중에**

별과 달 중에 누가 더 외로울까.
힌트는 별은 무수히 많은데 달은 혼자라는 것.
그래, 별이 더 외롭지.
무수히 많은 속에서 혼자인 게 훨씬 더 외롭지.
당신처럼.
나처럼.

반전은 전쟁을 반대하는 것. 평화를 사랑하는 것. 그러니까 뒤집기를 통한 반전으로 사람들에게 웃음을 선사하는 것은 이 지구촌에 전쟁 대신 평화를 심는 일이지. 정말 근사한 일이지. 그러니까 멋진 반전을 만들어 낼 수만 있다면 목에 잔뜩 힘주고 다녀도 좋아. 세계평화에 이바지라는 것을 한 것이니까.

다시 한 번 강조한다. 밑줄 박박 그으며 들어라. 막, 그냥, 일단, 무조건, 함부로, 주저 없이, 망설임 없이, 앞뒤 살피지 말고, 묻지도 따지지도 말고, 습관적으로 뒤집어 생각하라. 이것이 이 장의 핵심이다. 생각지도 못한 대어를 낚고 싶다면 이 뒤집기를 생략해서는 안 된다. 물구나무에서 새싹이 돋는다. 한겨울에도 씩씩하게 돋는다. 밑줄은 그었겠지?

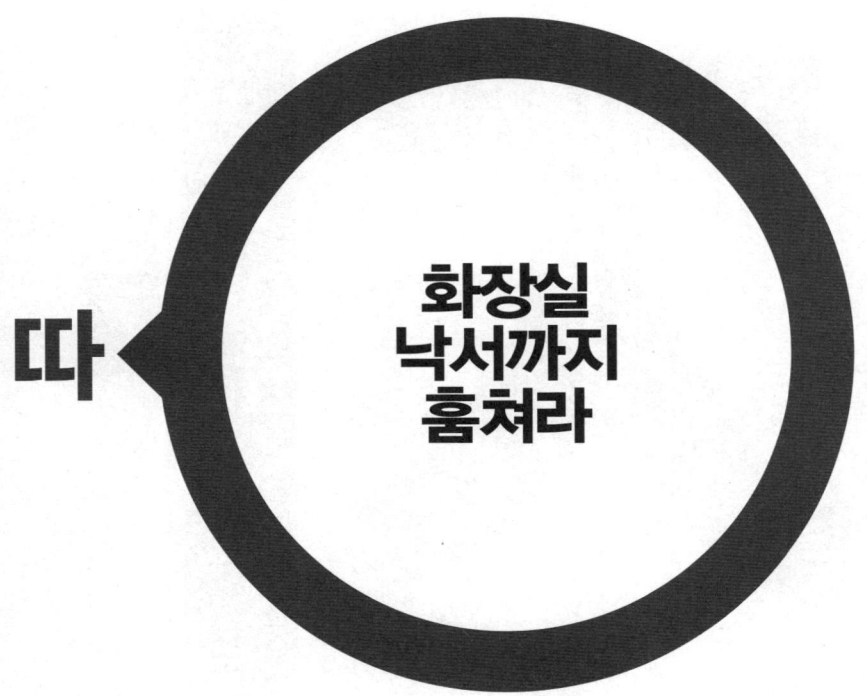

### 전화번호만 따지 말고

완전한 창작은 신의 영역이라는 말이 있다. 모든 창작물은 알게 모르게 그 이전에 있었던 창작물의 영향을 받게 되어 있다는 뜻이다. 실제로 많은 예술가들은 자신이 좋아하는 예술가를 흉내 내는 것에서 창작활동을 시작한다. 흉내 내지 않은 척 포장하고 재주를 부려 보지만 완벽하게 감출 수는 없다. 그럼에도 그들이 자신만의 예술 영역을 만들어 내는 것은 모방을 통해 자신만의 색깔을 찾아가기 때문이다. 창피하게 생각하지 말고 내 색깔을 만들 때까지는 모방하라. 훔쳐 와서 흉내 내고 패러디하라.

발상전환의 네 번째 요령은 '따자'다. 여자 휴대전화 번호만 따려 하지 말고, 남자 메일 주소만 따려 하지 말고 뭔가 창조에 도움이 될 만한 것을 가져와라. 내 머릿속에서 갑자기 세상을 뒤흔들 순도 100퍼센트의 아이디어가 튀어나오리라는 기대는 접고, 뭐든 가져와서 패러디하라. 작은 힌트가 발상전환의 훌륭한 재료가 된다. 세상 모든 창작가들은 당신에게 힌트를 주려고 지금 이 시간에도 새로운 것을 만들어 내고 있다고 생각해 버려라.

### 무엇을 모방할까

알겠소. 모방하고 패러디하겠소. 그런데 무엇을 모방할까요.

따

나를 완벽하게 은폐하고
절도 대상 물색 중.

라고 당신이 묻는다면 나는 이렇게 대답한다.

전부 다.

그렇다. 뭐든 다 훔쳐 와라. 경찰에 붙잡혀 가서 조사받을 짓만 아니라면, 나중에 몇 십 배의 로열티를 물어야 하는 짓만 아니라면(사실상 이런 경우는 극히 드물다) 뭐든지 다 들고 와서 패러디하라.

속담, 격언, 명언, 유언, 드라마, 영화, 연극, 책, 논문, 법전, 전설, 신화, 만화, 시, 소설, 뉴스, 광고, 개그, 그림, 음악, 조각, 판화, 강연, 가훈, 교훈, 사훈, 기획서, 보고서, 교과서, 심지어는 화장실 낙서도 좋으니 무겁지만 않으면 깡그리 들고 와라. 어디 그것들뿐이겠는가. 누군가의 이름, 누군가의 별명, 누군가의 말버릇, 누군가의 일기, 누군가의 자서전, 누군가의 술주정까지 다 훔쳐 와라.

그리고 그것들을 관찰하라. 관찰해서 흉내 낼 부분을 찾아내라. 비틀어 볼 만한 곳을 발견해 내라. 그래서 분명 그것 같은데 그것은 아닌 것을 창조해 내라. 사람들은 자신이 잘 아는 것, 익숙한 것이 조금 비틀어져 있으면 그곳에 시선을 주게 되어 있다.

당신 스스로를 과소평가하라. 처음부터 온전히 당신의 머릿속에서 나오는 건 아무것도 없다는 믿음을 가져라. 그래야 들고 올 게 많아진다.

따 > 정철이라는 사람의 훔쳐 오기 시범

### 내 인생의 육하원칙은 무엇일까

잘 알고 있겠지만 육하원칙은 기사를 쓰는 여섯 가지 원칙이다. 흔히 5W 1H라고 한다. Who(누가), When(언제), Where(어디서), What(무엇을), Why(왜), How(어떻게). 그런데 왜 기사 쓰는 일에만 육하원칙이 있을까. 우리 인생에도 육하원칙이 있으면 안 되는 걸까.

이런 생각이 드는 순간 도둑이 되기로 했다. 5W 1H를 훔쳐 오기로 했다. 훔쳐 와서 여섯 개의 단어를 살짝 살짝 비틀기로 했다. 패러디다. 그랬더니 인생의 육하원칙이 정리되었다. 그 시작은 육하원칙을 훔쳐다 쓰겠다는 생각, 즉 '따자정신'이다.

**육하원칙**
삶에도 5W 1H가 있다.
Wind, 내 삶은 바람에 흔들리지 않는가?
World, 내 삶은 세계와 만나고 있는가?
Wet, 내 삶은 타성에 젖어 있지 않은가?
Way, 내 삶은 바른 길로 가고 있는가?
Waste, 내 삶은 시간 낭비가 아닌가?
Human, 내 삶은 사람을 향하고 있는가?

그럴싸하다는 생각이 들면 고개만 끄덕이지 말고 당신만의

▼

육하원칙을 만들어 보기를. 대학생의 육하원칙이나 신입사원의 육하원칙, 또는 공처가의 육하원칙 같은.

**하면 된다**
하면 된다는 말을 다 믿지는 않는다.
그러나 안 하면 된다는 말은 아예 없다.

격언 훔쳐오기도 이렇게. 망설이지 말고(당신이 이 책을 읽는 내내 의심하고 있는 그것, 정말 정철이라는 사람이 시키는 대로 하면 될까. 이 의심에는 바로 이 글, 〈하면 된다〉라는 글만 한 약도 없을 것이다).

**그녀에게 복수하는 법**

전화를 걸 때 자주 듣는 음성이 있다. 얼굴은 모르겠지만 목소리는 틀림없이 예쁜 여자의 음성. 그녀는 늘 내게 이렇게 말한다.

지금 거신 번호는 결번이오니
확인 후 다시 걸어 주십시오.

목소리는 예쁘지만 기분은 별로 좋지 않다. 내가 전화번호 하나 제대로 관리 못하는 위인, 누군가에게 전화번호가 바뀌었다는 간단한 소식조차 못 전해 듣는 한심한 위인이라고 야단치는 것 같아서. 나는 이 멘트를 그대로 훔쳐 와 그녀에게 복수하기로 했다. 복수의 무기는 역시 패러디였다. 멘트의 뒷부분을 바꿔서 그녀의 말이 진리가 아님을 확인시켜 주었다.

### 결번
지금 거신 번호는 결번이오니
당장이라도 누군가의 번호가 될 수 있습니다.
떠나간 사람에게 미련 갖지 마시고
새로 사랑할 사람에게 이 번호를 선물하십시오.

사랑은 눈물의 씨앗이라고 남진 아니면 나훈아가 말했을 것이다. 사랑, 원래 그런 거다. 사랑을 시작하면서 이별을 생각하지 않았다거나, 사랑을 끝낸 후에 미련을 어쩌지 못해 괴로워하는 건 다음 사랑에 대한 실례다. 미련은 미련한 짓이다(음… 〈결번〉이라는 내 글을 변호하려고 매정한 어조로 말하기는 했지만 사랑 이놈에 대한 해석은 역시 자신이 없다).

### 정철의 담배 끊기

나는 아직 담배를 끊지 못했다. 특히 글을 쓸 땐 담배를 입에

▼

물고 산다. 끊어 본 기억이 전혀 없는 건 아니다. 딱 한 번 있었다. 5~6년 전쯤이었을 것이다. 결혼기념일 선물로 집사람에게 금연을 선물한다고 선언했다. 물론 하루아침에 딱 끊을 자신은 없어 편의점을 찾았다. 금연패치나 전자담배 같은 것을 사 들고 왔냐고? 안 끊었으면 안 끊었지 그런 촌스러운 짓은 안 한다.

그곳에 있는 모든 종류의 담배를 한 갑씩 다 달라고 했다. 편의점 알바가, 내 알바생활 3년에 이런 괴상한 구매는 처음 본다는 표정으로 나를 힐끔 쳐다봤다. 약 50종류의 담배를 받아 들었다. 이름을 처음 듣는 담배가 한둘이 아니었다. 세상 모든 담배를 한 번씩 다 피워 보고 끊으면 더는 미련이 없겠지, 하는 생각이었다(이렇게 멋있게 끊는 방법도 있었단 말인가, 하면서 괜히 멋있어 보이려고 금연 결심하는 사람 몇 있겠지. 허나 내 입에 맞지 않는 담배를 줄줄이 무는 고통도 고려하기를). 결국 그것들을 다 피웠고 금연을 시작했다.

3개월쯤 지났을까. 휴대전화가 울렸다. 한 광고회사에서 신제품 광고를 같이 하자고 했다. 나는 선뜻 그러자고 하며 무슨 제품인지 물었다. 담배라고 했다. 버지니아 슬림 1미리가 새로 나온다고 했다. 다음 날 나는 그 신제품 앞에 앉았다. 이것은 일이야, 지금 나는 담배를 피우는 게 아니라 일을 하고 있는 거야, 라고 속으로 외치며 입에 물었다. 자연스럽게 금연이 망가지는 순간이었다. 그날 이후 나는 금연을 생각하지 않는다. 다시 금연을 한다 해도 다시 세상이 협조하지 않을 테니까.

사설이 길었다. 내 금연이 무슨 이야깃거리라고. 그것도 실패한 금연이. 자, 본론이다. 내가 금연 이야기를 꺼낸 것은 담배 갑에 붙은 경고 때문이다.

흡연은 폐암 등 각종 질병의 원인이 되며
특히 임신부와 청소년의 건강에 해롭습니다.

금연에 실패한 나는 죄 없는 이 경고에게 복수하기로 했다(지금은 경고문이 훨씬 강력해졌다). 이 경고를 훔쳐 와서 새로운 경고를 만들어 냈다. 그것도 세 개씩이나.

**경고**
1
금연은 비만 등 각종 질병의 원인이 되며, 특히 임신부와 청소년 등 그동안 공짜로 흡연을 즐겨 온 간접흡연자들의 경제에 심각한 타격을 줄 수 있습니다. 나를 위해 남을 위해 꾸준히 흡연하십시오.
2
직업은 모든 직업병의 직접적인 원인이 되며, 특히 임신부와 청소년 등 직업은커녕 면접조차 허락되지 않는 사람들에게 심각한 위화감을 초래할 수 있습니다. 나를 위해 남을 위해 그대로 집에 계십시오.

▼

3

공부는 아는 게 병의 원인이 되며, 특히 임신부와 청소년의 지나친 공부는 출산과 성장에 악영향을 끼쳐 모르는 게 약을 장기 복용해야 할 수 있습니다. 나를 위해 남을 위해 노세노세 젊어서 노십시오.

### 청계천 헌책방을 뒤지다

따

젊은 시절 김민기라는 사람을 무척 좋아했다. 그의 음악, 그의 글, 그의 인생을 모두 좋아했다. 어디에서도 볼 수 없는 전설 같은 사람이라 더욱 그랬을 것이다.

한번은 청계천 헌책방을 다 뒤져 그의 음반 하나를 찾아냈다. 판매가 금지되어 시중에서는 구할 수 없는 음반이었다. 그런데 욕심 많게 생긴 헌책방 주인은 그것을 만 오천 원 내고 가져가라고 했다. 30년 전의 만 오천 원은 꽤 큰돈이었다. 학생인 나에겐 더욱. 한껏 불쌍한 표정을 지어 보였지만 주인은 한 푼도 깎아 줄 수 없다는 듯 딴 곳을 봤다. 결국 나는 그 음반을 주인의 손 위에 다시 올려놓고 나올 수밖에 없었다.

자꾸 그 음반이 눈앞에 어른거렸다. 판매도 방송도 공연도 금지된 김민기의 노래를 어렵게 손에 쥐었는데 그것을 놓아 버린 내가 미웠다. 돈을 모았다. 그 돈을 들고 그곳을 다시 찾아갔다.

그런데 음반은 이미 돈 많은 새 주인을 만나 그곳을 떠나 버리고 없었다.

   그에 대한 글을 쓰고 싶었다. 하지만 그를 음악적으로 이해한다는 건 무리였고, 역사적 의미를 평가한다는 건 더욱 무리였다. 그래서 나만이 할 수 있는 방법으로 글을 쓰기로 했다. 그의 노래 제목들을 모두 훔쳐 왔다. 그 제목들을 엮어 글을 만들었다. 밑줄 그은 것은 모두 김민기의 노래 제목이다.

### 김민기

작은 연못을 건너 봉우리를 돌아 새벽길을 갑니다. 그날 떠나올 땐 서울로 가는 길이었고, 이제는 고향 가는 길인 이 길을 갑니다. 푸르던 상록수, 풀잎마다 맺혀 있던 아침이슬, 끝이 보이지 않던 고궁의 담, 모두 그 사이에 온데간데없이 사라졌습니다. 강변에서 종이 연 날리던 아이, 꽃 피우는 아이, 고무줄 놀이 하던 아이, 다 떠나 아무도 아무 데도 보이지 않습니다. 멀리 새벽 공기 가르며 공장의 불빛만 비춰 옵니다. 검은 차만 달려갑니다. 아하 누가 그렇게 만들어 놓았나요. 하지만 돌아갑니다. 어찌 갈거나 울먹이던 식구 생각, 잘 가오 배웅해 주던 친구 생각, 잊을 수 없는 아름다운 사람 생각, 다시 부둥켜안으러, 서울이라는 큰 바다에 쓸쓸한 가을 편지 한 장 남기고 이제 돌아갑니다. 소금땀 흘리흘리러 이 천릿길 되돌아갑니다.

### 옷을 벗은, 옷을 입은

한때 명작 패러디 시리즈를 블로그에 연재한 적이 있다. 명작을 조금씩 비틀고 거기에 전혀 다른 해석을 붙인 것들이다. 모티브만 명작에서 가져오고 발상은 그 그림에 억매이지 않고 자유롭게 한 것이다.

고흐의 〈해바라기〉, 밀레의 〈이삭 줍는 여인들〉, 피카소의 〈게르니카〉, 다빈치의 〈최후의 만찬〉, 세잔의 〈담배 피우는 남자〉, 카라바조의 〈사기도박꾼〉, 신윤복의 〈미인도〉, 김홍도의 〈서당〉, 이중섭의 〈천도〉 같은 명작들이 모두 내게 붙들려 와 고생을 했다. 그 중 하나를 소개한다.

고야의 작품 중에는 〈옷을 벗은 마하〉와 〈옷을 입은 마하〉라는 두 작품이 있다. 이 두 작품에는 마하라는 여자 모델이 똑같은 자세를 취하고 있다. 침대에 누워 자신의 두 팔로 팔베개를 하고 있는 모습. 단지 하나는 옷을 입었고 또 하나는 옷을 벗었을 뿐. 나는 이 두 작품을 세트로 훔쳐 왔다. 그리고 두 가지 표정 중 어떤 표정이 더 행복해 보이는지 살폈다. 둘 다 아니라고 결론 내렸다.

### 또 하나의 마하

누가 더 행복해 보이는가? 벗은 마하라는 의견도 있고, 입은 마하라는 의견도 있을 것이다. 쉽게 우열을 가릴 수 없

〈옷을 벗은 마하〉, 프란시스코 고야.

〈옷을 입은 마하〉, 프란시스코 고야.

자

다는 뜻이겠지. 이렇게 우열을 가릴 수 없게 된 건, 이 그림들 사이에 놓여 있어야 할 그림 하나가 실종되었기 때문이다. 마하가 가장 행복한 표정을 짓고 있는 그림. 과연 어떤 그림이었을까. 옷을 벗은 마하와 옷을 입은 마하 사이에 당연히 있어야 할 그림, 그것은 바로 옷을 사는 마하. 여자는 갖고 싶은 것을 내 품에 안는 그 순간 가장 행복한 표정을 짓는다. 남자도 마찬가지일까. 남자는 여자가 갖고 싶어 하는 것을 그녀의 품에 안겨 주는 순간에 가장 행복한 표정을 짓지 않을까.

### 성공하는 사람들의 여덟 번째 습관

《성공하는 사람들의 7가지 습관》이라는 책이 장기 베스트셀러였던 적이 있었다. 그들의 여덟 번째 습관은 무엇일까 궁금했다. 이 책 제목을 훔쳐 와 패러디했다. 남의 성공을 훔치는 사람들을 어렵지 않게 볼 수 있는 세상이니 죄책감은 들지 않았다. 내가 훔친 장물은 이렇게 패러디되었다.

**성공하는 사람들의 여덟 번째 습관**
하나, 그대로 따라한다. 둘, 그대로 따라한다. 셋, 그대로 따라한다. 넷, 그대로 따라한다. 다섯, 그대로 따라한다.

여섯, 그대로 따라한다. 일곱, 그대로 따라한다. 성공하는 사람들의 일곱 가지 습관을 처음부터 끝까지 그대로 따라했다. 쉽지 않았지만 성공을 위해 나를 버리고 습관을 통째로 바꾼 것이다. 그러나 나는 성공하지 못했다. 성공하는 사람들의 여덟 번째 습관은 성공하는 사람들의 길을 그대로 뒤따라가지 않는 것임이 틀림없다.

이 글을 읽자마자 손을 번쩍 드는 사람이 있겠지. 예상하고 있었다. 이 글은 남의 길 따라가지 말라는 얘기인데, '따자정신'과는 정반대 얘기 아닌가요, 하는 질문. 다시 한 번 잘 읽어보라. 위의 글 마지막 줄에는 '그대로'라는 말이 나온다. 그것이 내 대답이다. 내가 이제껏 한 얘기는 훔쳐 와서 '그대로' 내 이름표를 붙이라는 게 아니지 않은가.

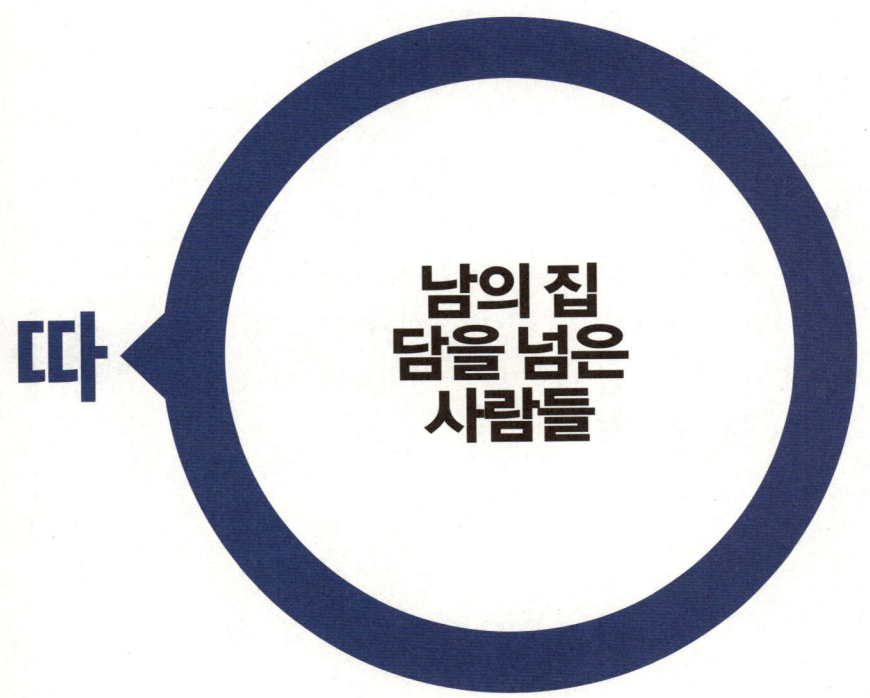

따 남의 집 담을 넘은 사람들

### 피카소도 도둑질을 했다

평생 약 5만 점의 다작을 남긴 화가로 유명한 피카소. 그의 작품 중에 〈풀밭 위의 점심 식사〉가 있다. 그런데 이 작품이 피카소의 머릿속에서 처음 나왔을까. 아니다. 왠지 제목이 조금 익숙하지 않은가. 인상주의 화가 마네를 떠올려 보라. 같은 제목의 그림을 본 것 같지 않은가. 마네는 1863년 같은 제목의 그림을 세상에 내놓았고, 피카소는 그 그림을 모방해 약 150개의 〈풀밭 위의 점심 식사〉를 그렸다. 거장 피카소마저 이렇게 패러디를 했는데 당신의 소심한 도둑질을 눈여겨 볼 사람이 누가 있겠는가. 한 가지 더 재미있는 사실은 마네가 그린 〈풀밭 위의 점심 식사〉 역시 완전한 창작은 아니었다는 것이다. 마네가 그 그림을 그리기 약 350년 전에 조르조네라는 화가가 그린 〈전원의 합주〉라는 작품. 마네는 이 작품을 보면서 〈풀밭 위의 점심 식사〉를 그렸다. 기회가 되면 이 세 작품을 나란히 놓고 비교 감상해 보라. 거장들의 도둑질에서 배울 것은 도둑의 기술이 아니라 뭐든 훔치고자 하는 튼튼한 심장이다.

### 광고쟁이들의 두리번 본능

광고쟁이들에겐 두리번거리는 본능이 있다. 늘 무언가를 찾

으려는 두리번. 무언가를 알고 싶어 하는 두리번. 광고 하나를 만들려면 그만큼 고려해야 할 게 많기 때문이다. 제품을 들고 구석구석 두리번거려야 하고, 여기저기 싸돌아다니며 경쟁제품들도 두리번거려야 하고, 몰래 소비자들의 마음속에도 들어가 그들의 관심사가 무엇인지 두리번거려야 하고, 요즘의 경제적, 사회적, 문화적 트렌드도 오지랖을 최대한 넓혀 두리번거려야 한다. 그것들을 하나도 놓치지 않아야 광고가 비틀거리지 않고 제 길을 찾아 갈 수 있다.

두리번거리는 본능은, 어디 써먹을 것 없나? 하는 패러디 본능으로 이어진다. 패러디를 가장 많이 사용하는 분야 중 하나가 바로 광고다. 광고는 어떻게든 소비자의 시선을 끌어야 하는데, 패러디는 이 눈에 띄어야 한다는 목적을 잘 수행해 준다. 눈에 익은 것을 살짝 비틀어 놓으면 비튼 그곳에 시선이 가게 된다. 바로 그곳에 가장 보여 주고 싶은 것을 놓으면 된다. 그것이 광고하고자 하는 제품이면 더욱 좋겠지.

딱 하나만 예를 들어 본다. 크린스틱이라는 변기 청소하는 제품의 잡지광고. 이 프린트광고는 루브르 박물관을 두리번거리다, 드라크르와의 〈민중을 이끄

245

▼

는 자유의 여신〉이라는 명화를 훔쳐 와 만들었다. 여신이 손에 들고 있던 프랑스 국기를 빼앗아 버리고 그 손에 크린스틱이라는 제품을 쥐어 준 광고다. 당신의 시선은 어디를 향하는가.

이렇게 우리에게 익숙한 것들을 훔쳐 와 패러디하면 낯선 느낌을 줄 수 있어 그만큼 주목도가 올라간다. 그것이 임팩트로 이어진다. 임팩트를 위해서라면 어떤 거장의 명작도 훔쳐올 자세가 되어 있는 게 바로 광고쟁이들이다. 일부 간이 작은 광고쟁이들은 훔친 사실이 미안해 드라크르와가 묻혀 있을 유럽 쪽을 향해 살짝 고개를 숙이기도 한다.

### 훔치라고 부추긴 사람들

비디오테이프로 모든 것을 녹화하고 보존하면서
우리는 신의 절반을 모방했다. - 백남준

로마인은 좋다 싶으면 그것이 적의 것이라 해도
거부하기보다 모방하는 쪽을 선택했다. - 시오노 나나미

만약 내가 다른 이들보다 멀리 볼 수 있다면
그것은 거인들의 어깨 위에 올라섰기 때문이다. - 뉴턴

이제 당신은 더 주저하거나 망설일 이유가 없다. 설마 백남준이나 뉴턴 같은 사람의 말을 의심하지는 않겠지(내 말은 못 믿는다 하더라도). 그들이 대한민국이라는 작은 땅덩어리에서 태어날, 그것도 자신이 죽고 난 후에 태어날 당신을 악의 수렁으로 끌어들이려고 치밀한 계획을 세웠을 리는 없지 않은가. 자, 당신의 눈에 거인들이 보인다면, 거장들이 보인다면 그들의 어깨 위에 올라서라. 훔치고 또 훔치고 또 훔쳐라.

### 타지마할을 들고 올 필요는 없다

우리에게 필요한 정보의 80퍼센트는 우리 주변에 몰려 있다고 한다. 그렇다. 비행기 타고 인도 가서 타지마할을 훔쳐 오거나, 이스터 섬까지 가서 모아이 석상을 훔쳐 올 필요는 없다. 당신에게 필요한 것은 지금 당신이 앉은 자리에서 손만 뻗으면 거의 다 닿을 수 있는 곳에 위치하고 있다.

자, 책상에 앉아 주위를 한 번 쓱 하고 둘러보라. 적어도 수십 개의 물건들이 보일 것이다. 시계, 연필깎이, 커피믹스, 계산기, 액자, 동전 몇 개, 전화기, A4용지, 이런저런 책들, 포스트잇, 명함, 창문, 커튼, 자판, 슬리퍼, 수건, 주전자, 마우스, 잉크 떨어진 만년필, 누군가에게 받은 몇 개월 된 사탕, 자동차 키, 스피커, 헤드폰, 옷걸이, 천장, 벽, 청소기, 화장지, 형광등, 안경 케이스,

▼

먹다 남은 감기약, 스카치테이프, 퀵서비스 전화번호, 복사기, 빨간 볼펜, 머그컵, 지우개, 모니터, 손톱깎이, 바닥에 떨어진 머리카락….

　이들은 지금 죽어 있다. 어제도 그제도 일주일 전에도 꼼짝하지 않고 지금 그 자리에서 죽어 있었을 것이다. 그러나 그들은 죽은 게 아니라 죽은 척하고 있는 것이다. 죽은 척하고 당신의 손길을 기다리고 있는 것이다. 언제든 당신이 손을 뻗어 그들을 당신의 아이디어 재료로 활용만 한다면 그들은 그 순간 생명을 얻게 된다. 당신은 지금 당장이라도 만물에 생명을 불어넣는 조물주가 될 수 있다. 그들을 너무 기다리게 하지 마라. 기다리다 지쳐 완전히 숨이 멎을 수도 있다. 당신이 조물주가 아니라 상주 노릇을 해야 할지도 모른다.

## 내가 나를 훔쳐라

　꼭 내 몸 밖에 있는 것들만 훔쳐 오라는 법은 없다. 내가 나를 훔쳐 오는 것도 좋은 방법이다. 지구상에 사는 생물 중 오직 나만이 나를 훔칠 수 있다. 내 처음과 끝을 다 보는 사람은 나밖에 없으니까. 단순히 내 손을 내려다보고 손톱 하나를 훔쳐 온다든지, 내 발을 내려다보고 거기에서 발톱의 때 한 점을 훔쳐 오라는 얘기가 아니다.

내 기억, 내 경험, 내 역사를 훔쳐 오라는 것이다. 그동안 잊고 살아온 기억을 하나하나 떠올려 보라. 소설가들이 유년의 기억을 그대로 들고 와 그것을 소설의 재료로 사용하는 것을 자주 봤을 것이다. 당신이라고 왜 못하겠는가.

어릴 적 빛바랜 사진 한 장에서 떠오르는 기억을 가지고 한 편의 드라마를 쓸 수도 있고, 추억의 상품 판매를 위한 프로모션 이벤트를 생각해 낼 수도 있다. 동네 만화가게 아저씨가 그려 준 그림들이 선물용 포장지 디자인이 될 수도 있고, 아저씨가 버릇처럼 중얼거리던, 좋은 날 온다, 하는 한마디가 광고 카피가 될 수도 있다.

내 취미를 들여다보며 새로운 사업을 구상할 수도 있고, 내 습관을 더듬어 보며 새로 구상한 사업의 영업 전략을 마련할 수도 있다. 내가 나를 써먹어라. 기억이 다 도망가기 전에. 더 늙기 전에.

끝으로 내가 나를 훔친 글. 아버지에 대한 내 기억 한 자락.

시골에 계신 아버지에게 안부 전화를 드렸다.
아버지는 전화를 끊으며 전화해 줘서 고맙다고 하셨다.
고맙다니, 자식이 전화한 것이 고맙다니.
나는 전화를 끊은 후에 죄송하다고 말씀드렸다.

**발상전환의 자세**

저질러라.
그리고 실패하라.
무책임, 무대책, 무계획을
환영한다.

잡

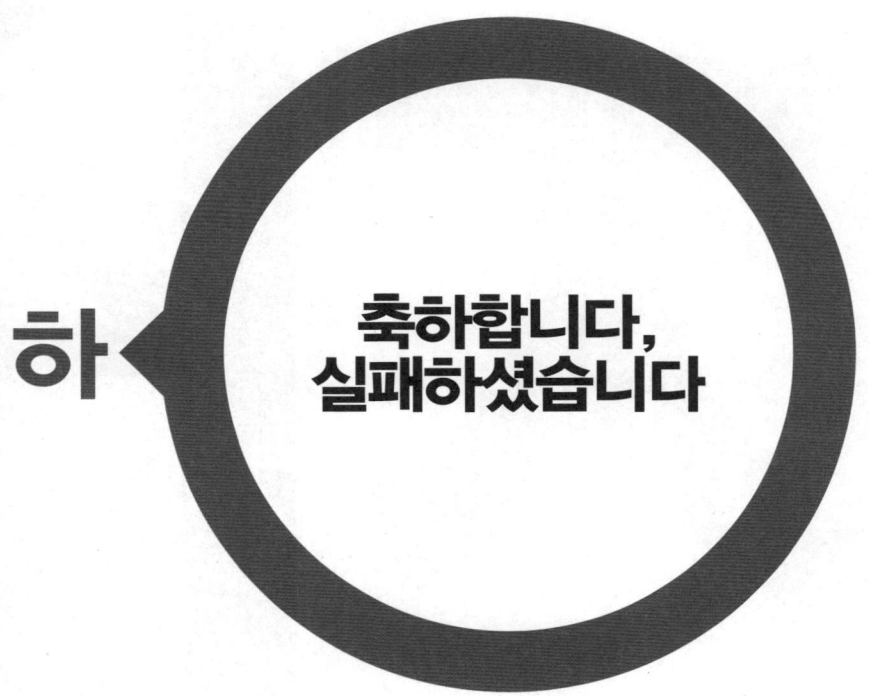

### 할까 말까

당신은 다이어트를 결심했고 당신 앞엔 따뜻한 순대와 떡볶이와 어묵이 놓여 있다. 먹을까 말까. 당신은 혼자 걷고 있고 당신보다 몇 걸음 앞에 늘씬한 여자가 걷고 있다. 말을 걸까 말까. 당신은 오늘도 부장에게 눈물 쏙 빠지게 혼났고 당신의 서랍엔 사직서가 들어 있다. 낼까 말까.

설렘에 떨리거나 두려움에 떨리는 매 순간 우리는 '까'자 두 개를 들고 고민한다. 할까 말까. 하자니 결과에 자신이 없고, 포기하자니 왠지 아깝고. 그래서 망설이다 세월을 보내고 막상 해야겠다는 결심이 서면 이미 버스는 떠나고 없어 머리 긁적이는 상황. 많이 경험했을 것이다.

하자니 결과에 자신이 없고. 자, 이 문장을 뜯어 보자. 하지 못하는 이유가 무엇인가. 결과다. 결과를 먼저 생각하니까 시작하지 못하는 것이다. 그렇다면 결론은 쉽게 나온다. 결과를 먼저 생각하지 않으면 하지 않을 이유가 사라지는 것이다.

그래서 이 장은 '하자'라고 힘주어 말한다. 결과를 생각하지 말고 무조건 시작하라는 것이다. 시도하지 않으면 어떤 발상도 결과도 만들 수 없다는 것이다. 실패하더라도 부딪치라는 것이다. 미루지 말고 지금 당장! 이것이 발상전환 하려는 사람들이 가져야 할 가장 기본적인 자세다.

이 자세를 잊지 않으려면 지금 당신의 호주머니를 들여다보

하

빠져나올 방법은
나중에 생각하기로 하고
무조건 들어갔음.
컥!

라. 쓰레기통에 내다 버려야 할 것들이 혹시 그 속에 들어 있는지 살펴보라. 호주머니 속에 넣고 있으면 당신도 모르게 자꾸 꺼내 사용하게 되니까. 지금 당장 쓰레기통에 내다 버려야 할 것들은 다음 세 가지다.

시키면 그때 하겠다는 수동.
누군가 하겠지 하는 소극.
힘들면 포기하고 마는 나약.

## 내공은 언제 쌓일까

무엇이든 당장 시작하라고 하면 가장 많이 듣게 되는 말. 아직은 내가 내공이 부족해서, 나중에 조금 더 크면, 실력과 감각을 더 쌓은 후에…. 신중함이라고? 겸손이라고? 아니다. 그냥 결과를 먼저 머리에 그린 것이다. 지금 시도하거나 시작하면 결과가 좋지 않을 거라는 생각이 시작과 시도를 방해한 것이다. 신중함도 겸손도 아니고 두려움이다.

아직 내공이 부족하다고 말한 그 사람의 내공은 언제 쌓일까? 결론부터 말하면 그 사람에겐 내공이 쌓이지 않는다. 내공이 쌓일 때까지 기다리는 사람은 결코 내공을 쌓을 수 없다. 그렇다면 내공은 언제 쌓일까? 하나를 실패할 때마다 하나씩 쌓인다.

▼

그러니 실패를 두려워하는 사람은 평생 아무것도 쌓을 수 없고 아무 일도 할 수 없다.

나는 글을 쓰는 사람이다. 이젠 제법 책도 내고 글 좀 써 주세요, 하는 청탁도 받는다. 하지만 별것도 아닌 지금 정도의 글을 쓰기까지 지금보다 더 허접한 글을 얼마나 많이 썼겠는가. 얼마나 많은 종이를 구겨 휴지통에 던졌겠는가.

그것들은 그냥 휴지통의 배만 불리고 사라진 게 아니다. 아무 의미 없이 난지도의 키만 키운 게 아니다. 휴지통으로 들어간 한 장의 종이, 그 종이 위에 쏟아 놓은 내 생각의 파편들이 모두 지금 나의 내공으로 살아남은 것이다. 다시 한 번 강조한다. 내공은 하나를 실패할 때마다 하나씩 쌓인다.

### 굶어 죽지 않으려면

배고픈 사람이 있다. 지금 이 사람 앞엔 쌀이 있고 물이 있고 불이 있고 밥솥이 있다. 그런데 이 사람이 죽기보다 싫어하는 것이 설거지다. 그래서 이 사람은 쌀을 씻어 밥 짓는 일을 망설이고 있다. 이 사람은 어떻게 될까.

굶어 죽는다.

왜 밥을 짓기도 전에 설거지부터 생각하는가. 왜 결과를 먼저 생각하는가. 배고프면 일단 쌀을 씻어 불 위에 올려놓아야 한다. 그 다음 일은 그 다음에 생각하면 된다.

전혀 생각하지도 않은 일이 일어날 수도 있다. 밥을 다 먹는 순간 1년에 한 번도 찾지 않던 친정 엄마가 갑자기 초인종을 누른다. 아이고 내 딸, 하면서 팔을 걷어 부친다. 아니면 이런 일이 일어날지도 모르지. 밥 다 먹고 낮잠 한숨 자고 일어나면 아무도 모르게 우렁각시가 다녀갔다는.

배고프면 무조건 밥을 지으라는 것. 설거지는 나중에 생각하라는 것. 저지르면 어떻게든 설거지는 되게 되어 있다는 것. 그러니 굶어 죽지 말라는 것.

**자**

하 ◀ 실패는
실을 감아 두는
나무토막일
뿐이다

### 경제학과 출신이 어떻게 카피라이터가 되었소?

내가 가장 많이 받는 질문 중 하나다. 결론부터 말하면 두려움이 없었기 때문이다. 실패해도 좋다는 마음을 먹었기 때문이다.

나는 어릴 때부터 글쓰기를 좋아했다. 시든 산문이든 글을 쓰면 곧잘 상을 받았다. 중학교 때 서울로 전학 와 사투리 쓰기 싫어 말수가 적어졌을 때, 그래서 혼자 놀고 있을 때 내게 친구들을 만들어 준 것도 교내 백일장 장원이었다. 어쩌면 이때부터 글 쓰는 일이 밥 먹고 사는 일이 될지도 모른다는 생각을 했을 것이다.

고등학교에 들어가 너무 당연하게 문과를 택했다. 글을 쓰고 싶어서이기도 했지만, 실은 수학이 싫어서 수학을 못해서 문과로 도망 온 것이다. 대학에 가야 했다. 나는 국문과를 만지작거리고 있었는데 불행히도 그때 형님이 국문과를 다니고 있었다. 아버지는 우리가 무슨 선비 집안도 아닌데, 아들 둘을 모두 국문과에 갖다 바쳐야 하느냐고 하셨다(지금 와서 생각해 보면 우리 4남매 중 셋이 자기 이름으로 책을 냈으니 선비 집안이 맞는 것 같기도 하다). 나는 아버지의 말씀을 따랐고 경제학과에 진학했다.

속았다. 경제학과는 무늬만 문과였다. 경제수학, 미시경제학, 거시경제학, 통계학…. 이건 수학과였다. 나는 쿨하게 내 실수를 인정하고 경제학과 이별했다. 전공필수 과목만 수강신청 하고 수업도 잘 듣지 않았다. 시험도 친구가 대신 봐줬다. 경제학을

▼

포기한 그 시간에 국문과, 신방과, 사학과 등을 기웃거렸다.

경제학의 포기는 곧 글쓰기의 시작이었다. 학교 신문, 학교 밖 신문 가리지 않고 닥치는 대로 글을 써서 용돈을 벌었다. 4학년 때는 단편소설로 교내 문학상도 받았다. 문학상 수상을 나는, 계속 글을 써도 된다는 허락 같은 의미로 받아들였다.

졸업 후 군대에 갔고 제대를 했다. 먹고 살아야 했다. 그러나 월급 받고 글 쓰는 직업은 내 눈에 잘 띄지 않았다. 내가 경제학과 출신이라는 것이 생각났다(실제로는 경제포기학과였지만). 어쨌든 경제학과 졸업장을 들고 있었으니 대기업에 가는 건 그리 어렵지 않았다. 한 기업에 가기로 약속했다. 이대로 샐러리맨이 되는구나, 생각하며 학과 사무실을 걸어 나오고 있었다. 그런데 그때 나는 오른쪽 벽을 보며 걷고 있었다. 그것이 내 운명을 결정지었다. 만약 왼쪽 벽을 보며 걸어 나왔다면 내 인생은 지금 전혀 다른 길을 가고 있을 것이다.

카피라이터 추천! 오른쪽 벽에는 이 일곱 글자가 크게 새겨진 포스터 하나가 붙어 있었고, 순간 나는 그것에 빨려 들어갔다. 태어나서 처음 카피라이터라는 단어와 만나는 순간이었다. 카피가 뭔지는 몰랐지만 라이터는 뭔가 글 쓰는 일일 것 같았다. 나는 그 포스터를 붙인 교직원에게 물어 그것이 광고를 만드는 직업이라는 대답을 받아냈고, 그를 졸라 추천서도 한 장 받아냈다.

운명은 내게 장난을 쳤다. 처음 가기로 한 기업의 면접과 광고회사 카피라이터 시험이 한날한시로 겹친 것이다. 선택을 해야 했다. 안정이냐 모험이냐. 지구촌을 뛰어다니는 무역쟁이가 될 것인가, 연필에게 뛰어다니라고 명령하는 광고쟁이가 될 것인가.

내가 왜 오른쪽 벽을 보고 걸었을까 생각해 봤다. 그것은 우연만은 아니었을 거야. 글 쓰는 일을 가슴에 늘 품고 다녔기에 운명처럼 오른쪽 벽을 바라본 거야. 글 쓰는 일을 꼭 하고 싶었기에 운명처럼 카피라이터라는 글자가 내 눈 속으로 빨려 들어온 거야. 그러자 안개가 걷히고 선택이 분명해졌다. 나는 넥타이 대신 모험을 선택했다.

결국 맨 꼴찌로 광고회사에 합격했다. 그래서 첫 직업이 카피라이터였고 그것이 지금까지 이어지고 있다. 카피라이터 명함을 받고 6개월쯤 되었을 때, 내 글이 소설보다 카피와 궁합이 더 잘 맞는다는 결론을 내렸다. 그 후엔 다른 곳에 눈길 주지 않고 이 길만을 달려왔다. 최근에는 작가 일을 겸하고 있다. 카피라이터로서의 훈련과 경험이 이를 가능하게 해 주고 있다. 내게 직업을 찾아 준 오른쪽 벽이 이제 내게 인생 이모작을 가능하게 해 주고 있는 것이다. 고맙다, 오른쪽 벽.

대한민국 국민 모두가 이름만 들으면 아는 대기업을 감히 포기한 이유를 누가 물으면 나는 이렇게 대답했다. 넥타이를 맬 줄 몰라서. 사람들은 피식 웃었지만, 그 대답은 두고 봐! 와 같은 뜻이었다. 내가 가고 싶은 길이 눈에 보이는데 어떻게 안 갈 수 있니? 걱정된다고? 두고 봐! 해낼 게! 이런 뜻이었다.

만약 당신 앞에 두 갈래 길이 놓여 있다면 당신은 어느 길을

▼

선택하겠는가. 하나는 내가 넘어지지 않고 잘 걸어갈 수 있는 길, 또 하나는 내가 꼭 가고 싶었던 길. 나는 후자를 권하고 싶다. 하고 싶어 하는 사람은, 정말 미치도록 하고 싶어 하는 사람은 결국 그 일을 하게 된다. 미치도록 하고 싶은 사람이 손 놓고 그 일이 내 입에 떨어지기만을 기다리겠는가. 그는 남이 하지 않는 미친 짓을 해서라도 그 일을 하고 만다. 또 그 일을 남보다 잘하게 된다. 미치도록 하고 싶은 일이 눈앞에 놓여 있는데 그 일을 설렁설렁 하는 사람은 없을 테니까.

어떤 선택을 해야 할 때 여기저기 찾아다니며 사람들 괴롭히지 마라. 당신 자신에게 물어라. 그 일을 정말 하고 싶은지. 예스라는 대답이 나오면 한두 달쯤 후에 다시 물어라. 다시 예스. 그리고 또 한두 달쯤 후에 다시 물어 보면 또 예스. 이렇게 세 번을 물어 세 번 모두 예스라는 대답이 당신 입에서 나온다면 당신은 그 일을 해야 한다. 그 일을 하게 된다. 그것도 아주 잘하게 된다.

오늘을 기준으로 판단하지 말고 저질러라. 가슴이 시키는 대로 움직여라. 실패해도 좋다는 무책임, 무대책 스타트를 적극 권한다.

### 정철이 던지는 질문 1 - 원숭이는 (　)다

다들 귀찮아하는 설거지. 나라고 설거지가 즐거울 리 없다. 하지만 저지른다. 설거지는 머릿속에서 지우고 일단 저지른다. 글을 쓸 때 더욱 그렇다. 처음부터 끝까지 완벽한 아이디어가 정리된 후에 실행에 옮기기도 하지만, 결과를 전혀 모른 채 일단 저지르고 보는 무책임한 경우가 더 잦다. 일단 시작하는 것이 중요하니까.

예를 하나 들어 보겠다. 원숭이에 대한 글을 써야 했다. 그런데 머릿속에 아무런 아이디어도 떠오르지 않았다. 아이디어가 떠오를 때까지 마냥 기다려야 할까. 아니다. 일단 글쓰기를 시작해야 한다. 책상 앞에 앉아야 한다. 종이를 펼쳐야 한다. 연필을 들어야 한다. 종이 위에 연필을 갖다 대고 끼적거리기 시작해야 한다.

그렇게 했다. 그래도 좋은 생각이 떠오르지 않았다. 머리가 작동을 거부하는 것이다. 태업이다. 머리에게 잠시 쉬라고 했다. 대신 손에게 아무거나 쓰라고 시켰다. 그랬더니 손이 이렇게 썼다.

원숭이는 영어를 못한다.

머리가 시킨 게 아니라 손이 알아서 쓴 것이다. 아무 대책 없이 이 한 줄이 종이 위에 저질러진 것이다. 어떻게 되었을까. 그 한 문장을 시작으로 글을 쓸 수 있었다. 손이 저지른 일을 어떻게든 설거지해낸 것이다. 이 무책임한 한 줄은 〈영어콤플렉스 탈출법〉이라는 글로 완성되었다.

▼

**영어콤플렉스 탈출법**

사람의 조상인 원숭이는 영어를 못한다. 이는 무엇을 의미하는가. 당신이 영어를 못한다면 누구보다 정통성 있는 우수한 혈통일 확률이 크다는 뜻이다. 영어 잘하는 사람은 최근에 사람 자격을 얻은, 즉 사람 신입생이나 편입생일 거라는 얘기다. 원숭이가 몽키든 나이키든 차이코프스키든 그건 그리 중요한 게 아니라는 진화론적 가르침.

영어에 어두운 사람들을 위한 응원가다. 아니 나 자신에 대한 응원가다. 나는 이름이 정철인데 영어를 못한다. 내 카톡엔 이렇게 적혀 있다. 영어 못하는 정철.

**정철이 던지는 질문 2 - 정상의 동의어는?**

《불법사전》이라는 책이 있다. 물론 내가 쓴 책이다. 이 책에는 한 단어에 대한 정의가 나오고 그에 따른 동의어, 파생어, 관련용어, 관련인물 등이 꼬리를 물고 이어진다. 늘 곁에 두고 한 번씩 꺼내 읽어 볼 만한 재미있는 책이다. 나는 이 책에서 정상이라는 단어를 이렇게 정의했다.

땀을 닦는 곳.

쉬기 위해서가 아니라
새로운 땀을 흘리기 위해서.

그러고 나서 생각했다. 정상에는 두 가지 뜻이 있지. 산의 꼭대기라는 뜻과 바른 상태라는 뜻(어떤 결과에 이르기까지의 사정이라는 뜻의 정상, 즉 정상참작 같은 말에 쓰이는 정상도 있지만 여기에서는 패스). 이 두 가지 중 바른 상태라는 정상의 반대말은 비정상이지. 이 비정상을 반대말이 아니라 동의어로 갖다 놓으면 재미있겠다. 그래서 무조건 '정상 = 비정상'이라고 썼다. 그것을 어떻게 풀겠다는 생각도 없이 그냥 저지른 것이다. 그랬더니 이렇게 설거지가 되었다.

**비정상**
정상의 동의어.
남과 똑같이 걷고, 똑같이 자고, 똑같이 일하고,
똑같이 노는 사람이 정상에 오를 수 있을까?
정상에 오른 사람은 정상이 아니다.

그럴싸해 보였다. 태초엔 정상의 동의어가 비정상이었는지도 모른다는 생각이 들 만큼. 이렇게 일단 저지르면 설거지가 된다. 저지르지 않으면 아무것도 만들 수 없고 아무것도 얻을 수 없다.

### 정철이 던지는 질문 3 – 가장 큰 가르침을 얻는 여행은?

대학을 졸업하기 직전, KBS 방송국에서 알바를 했다. 〈11시에 만납시다〉라는 대담 프로였는데, 그곳에서 11시에 누굴 만날 건지 아이디어를 내고, 만날 사람이 정해지면 그 사람에 대한 자료를 찾고, 가끔은 대본도 쓰는 새끼 스크립터 일을 했다.

대학 졸업과 함께 두 달의 알바도 끝났다. 하숙집에 있는 짐을 고향으로 부쳤고, 나도 뒤따라가야 했다. 군대 가야 했으니까. 하지만 내 손엔 두 달 치 월급이 들려 있었다. 그것이 나를 유혹했다. 집에 빨리 내려가면 뭐 할 건데? 나는 서울을 출발해 고향 집에 도착하는 데 걸리는 시간을 한 달로 잡았다. 대한민국 구석구석 구경 좀 해 보겠다는 야심을 먹었다. 하지만 어디로 가야 할지 구체적인 계획이나 일정은 하나도 없었다.

어디로 먼저 갈까? 강릉? 춘천? 인천? 하다가, 10년 가까이 살고 있는 서울구경도 제대로 못한 놈이 무슨 전국일주냐는 생각이 들었다. 서울 중에서도 내가 가장 잘 모르는 서울, 이태원으로 갔다.

대한민국과 미국을 뒤섞어 놓은 그곳. 그곳의 한 스탠드바에 홀로 자리를 잡았다. 밤을 새워 바텐더랑 이야기를 했다. 무슨 이야기를 했을까. 20대 청년답게 조국과 시대를 이야기하고 이태원과 미국을 이야기했겠지. 사랑을 이야기했겠지. 술에 취해 갈수록 나 술 취하지 않았다는 이야기를 했겠지. 다음날 아침 일찍 이태원을 떠났다. 내 다음 목적지는 바텐더가 가르쳐 주었다.

수원에서 조금 더 들어가는 곳에 있는 어느 작은 시골 보육원. 그곳에서 김막녀 수녀님이라는 분을 만났다(지금까지 이름을 기억하고 있는 게 신통하다. 혹시 내 아이큐가 200이 넘는 건 아닐까). 수녀님이 살아온 이야기, 보육원 아이들의 살아온 이야기와 살아갈 이야기를 들었다. 충분히 듣고 충분히 울고 충분히 배웠다. 다음 스케줄에 쫓기지 않으니 시계 볼 필요도 없었다. 수녀님은 내게 청주로 가라고 했다. 청주는 다시 대전으로 가라고 했고, 대전은 다시 대구로 가라고 했다. 이렇게 이어진 다음 목적지 없는 여행은 한 달 동안 계속되었다. 집에 도착한 나는 2~3일을 계속 잠만 잤을 것이다.

아무 계획 없이 이태원을 향했지만 여행은 그치지 않고 이어졌고, 나는 미리 계산하지 못한 수많은 가르침을 얻었다. 그때 내가 두 달 치 월급으로 요즘 20대처럼 어학연수를 떠났다면 과연 더 많은 것을 얻었을까. 아니었을 것이다(카톡에 적힌 '영어 못하는 정철'이 '영어를 아주 못하지는 않는 정철'로 바뀌었을 수는 있겠지만). 결과를 계산하지 않고 저질렀기에 생각지도 못한 곳에서, 생각지도 못한 사람들로부터 더 귀한 것을 얻었을 것이다. 인생은 여행이다. 여행 중에서도 가장 재미있는 여행을 꼽으라면 다음 목적지를 모르는 여행 아닐까.

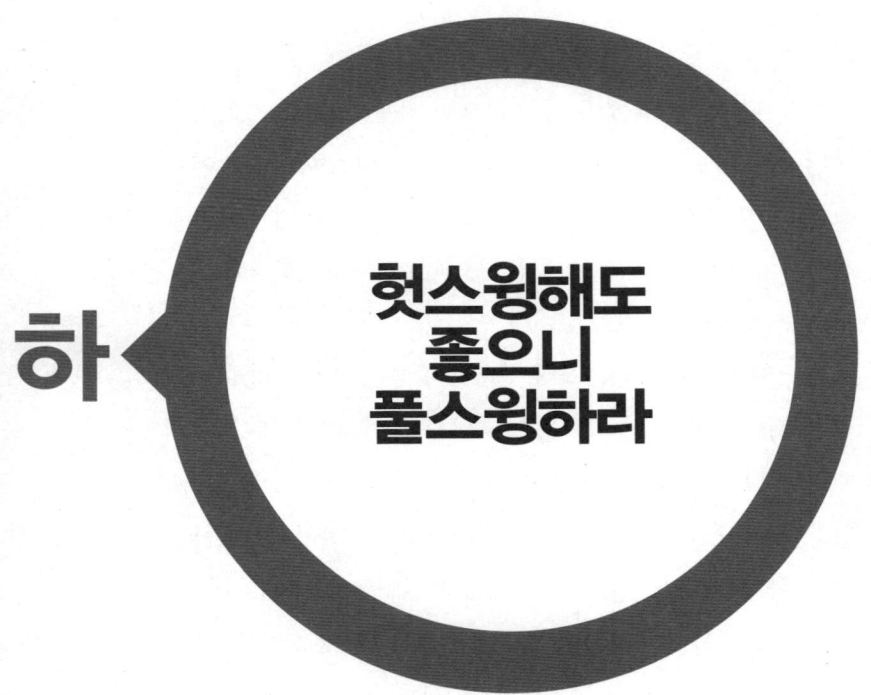

## 자유형은 자유형이 아니다

**자유형**

수영의 한 종목. 꼭 이렇게 수영하라고 강요하지 않는 가장 자유스러운 영법. 그러나 세상 모든 자유형 선수들은 다 똑같은 팔동작으로 물을 가른다. 자유를 안겨 줘도 자유로워지지 못하는 바보들의 게임.

《불법사전》에 나오는 〈자유형〉이라는 글이다. 자유형 선수들은 스타트 총소리가 울리면 1번 레인에서 8번 레인까지 복사한 듯 모두 똑같은 팔동작을 보인다. 마치 같은 춤동작을 하는 군무를 보고 있다는 착각이 든다. 그 동작이 가장 빠르다는 것을 모두가 알고 있기에 다른 동작을 찾아볼 수 없는 것이다.

하지만 이건 자유형이 아니다. 구속형이다. 기록이나 순위라는 결과에 얽매여 있는 구속형이다. 선수들이 하나같이 결과를 먼저 생각하니 다른 과감한 시도를 하지 못하는 것이다. 자유형은 순위를 매기는 룰이 바뀌어야 한다. 가장 자유로운 모습으로, 가장 창의적인 방법으로 물을 가른 선수에게 금메달을 줘야 한다(아니면 이름을 바꾸거나). 1번 레인에서 8번 레인까지 모두 다 자신만의 독창적인 영법으로 자유롭게 수영하는 날을 기다려 본다.

수영 이야기에서 문득 떠오르는 한 사람. 일본의 의류 브랜드

▼

유니클로의 CEO 야나이 타다시. 그는 실패를 밥 먹듯 한 사람이었다. 영국을 비롯해 그가 문을 두드린 여러 나라에서 하나같이, 안녕히 가십시오, 당신은 실패하셨습니다, 라는 말을 들어야 했다. 하지만 그는 그 모든 실패가 가장 소중한 자신의 내공이라고 말한다. 실패에서 길을 찾은 것이다. 그가 남긴 가장 유명한 말은, 수영 못하는 사람은 물에 빠뜨리면 된다. 공감이 가지 않는가.

몇 번은 꼬르륵거리며 물을 먹겠지. 비명과 함께 허우적거리며 천당과 지옥을 오가겠지. 하지만 비명이나 허우적거림만으로 자신이 살 수 없다는 것을 알게 되지. 이렇게 저렇게 팔동작과 발동작을 해 보며 물에 뜨는 방법을 찾아 내려 하지. 그러다 결국 헤엄치는 법을 배우게 되지. 살게 되지. 만약 그 사람을 물에 빠뜨리지 않았다면 평생 헤엄치는 법을 배우지 못했을 테지.

실패와 성공. 이는 같은 말이라는 것을 이 사람과 또 다른 수많은 사람이 확인해 주고 있다. 당신도 이들 틈에 이름을 올리기 바란다. 물론 그곳까지 당신을 데려다 줄 교통수단은 실패다.

하

### 저지름 신이 보내 준 보너스

초코칩 쿠키 좋아하는가. 그것을 어느 제과회사 연구소 연구원이 실험실에서 쭈그리고 앉아 개발한 것으로 알고 있는가. 세상엔 역사적 사명을 띠고 이 땅에 태어난 발명품보다 전혀 의도하지 않았는데 우연히 발견된 것이 더 많다. 뭐든 남다른 행동을 저지르면 생각지도 못한 보너스를 얻게 된다는 얘기다. 초코칩 쿠키도 그렇다.

100여 년 전, 톨 하우스라는 미국의 작은 호텔. 이곳 주인은 손님들을 위해 쿠키를 만들고 있었다. 그런데 괜히 얄미운 손님, 빨리 짐 싸서 나가 줬으면 하는 손님들이 있었다. 심술을 부리고 싶었다. 반죽에 넣은 초콜릿 조각이 녹지도 않았는데 오븐에 넣어 쿠키를 구워 버렸다. 그것을 그 얄미운 손님들 앞에 내놓았다. 맛을 본 사람들의 반응이 어땠을까. 한마디로 열광! 그날부터 호텔 주인은 새로운 메뉴 하나를 더 갖게 되었고, 이것이 소문을 타고 네슬레의 귀에 들어가 당신이 며칠 전에 먹은 그 초코칩 쿠키가 탄생한 것이다.

불꽃놀이도 역사적 사명을 띠고 밤하늘에 태어난 것이 아니다. 한 요리사가(신기하게도 발명가보다 요리사가 더 많은 발명을 한다) 요리를 하려고 숯, 황, 질산, 칼륨 등의 혼합물을 대나무에 꽉 채워 넣었다. 그리고 불을 붙였다. 그런데 이것이 폭발해 크게 불꽃을 일으켰고, 이것을 본 사람들은 그 황홀한 광경을 잊지 못했다. 결국 그 요리사의 우연한 발견을 응용해 오늘의 불꽃놀이가 탄생했다.

청국장과 샌드위치를 결합시켜 청국장 샌드위치라는 메뉴가 탄생할 거라고 누가 생각했겠는가. 부엌에서 굴러다니던 천덕

꾸러기 누룽지가 미국에 수출하는 효자가 되리라고 누가 짐작했겠는가. 모두가 실패를 쳐다보지 않고 저질러서 받게 된 보너스다.

당신은 언제 보너스를 받는가. 연말이라면 아직 멀었지. 이제 보너스는 사장님이 준다는 생각을 버리고 내가 나에게 보너스를 주는 건 어떨까. 당장 오늘 저녁, 집 근처 공원 벤치에 홀로 앉아 당신이 처음 저질러 보는 그 어떤 이름 모를 행동이 당신에게 보너스를 듬뿍 안겨 줄 수도 있다.

# 하

### 10할은 없다

나는 3할 이야기를 자주 한다. 야구에서 3할이면 타격왕에 도전할 수 있는 최고의 타자다. 이대호나 이용규 같은. 축구에서도 열 번 슛을 날려 세 골을 성공시키면 대단한 스트라이커라고 말한다. 메시나 호나우도 같은. 카피 역시 열 줄 써서 세 줄 건지면 꽤 괜찮은 카피라이터라고 박수 치며 여기저기에서 스카우트 제의를 할 것이다. 이렇듯 모든 일에 있어 3할은 성공의 기준이다.

3할이 무슨 뜻인가. 열 번 중 일곱 번 실패해도 좋다는 뜻 아닌가. 그러니 입학에 실패하든, 취업에 실패하든, 결혼에 실패하든, 사업에 실패하든, 젊은 날 한두 번 실패했다고 고개 숙일 이유가 전혀 없다. 아직 실패할 기회가 대여섯 번이나 더 남아 있으니까(1승을 올리기까지 200번의 경기에서 1무 199패를 기록했다는 서울대 야구부가 해체되었다는 소식을 나는 듣지 못했다).

그런데 왜 우리는 도전하기를 두려워할까. 도전했다 실패하면 거기에서 일정한 내공을 걷어들이고 또 다시 도전하면 되는데 왜 주저주저할까. 10할을 치려 하기 때문이다. 한 번도 헛스윙 아웃을 당하려 하지 않기 때문이다. 모든 타석에서 안타나 홈런을 쳐야 한다는 강박관념 때문이다.

누구도 10할을 칠 수는 없다. 10할을 치겠다는 사람이 선택할 수 있는 유일한 길은, 내야안타 하나 친 이후에 전혀 타석이 들어서지 않는 방법뿐이다. 평생 지금 앉은 그 자리에 앉아 있어도 좋다면 10할을 꿈꿔라. 남들은 안타나 홈런 치는데 당신은 박수나 치며 살고 싶다면 10할을 꿈꿔라. 그게 아니라면 도전하라. 3할만 치면 된다는 생각으로 과감하게 풀스윙하라.

### 중국집 우동 같은 존재

평균 80점에는 두 종류가 있다. 늘 80점을 받아 평균 80점인 사람. 60점 100점 60점 100점 이렇게 오르락내리락하며 평균 80점을 받는 사람. 이 두 사람의 평균점수는 같지만 그 점수가 갖는 의미는 전혀 다르다.

▼

늘 80점만 받는 사람은 60점으로 추락할까 두려워 과감한 답을 쓰지 못하는 사람이다. 늘 안정된 답만 적어 내는 사람이다. 학생이 학교에 가는 이유를 물으면, 공부하러! 라고 대답하는 사람이다. 이 사람은 발전이 어렵다. 5년이 지나도 10년이 지나도 지금 그 자리에만 앉아 있게 된다. 이 사람의 머릿속엔 변화도 도전도 실패도 없다. 변화도 도전도 실패도 없으니 성공도 없다. 오직 남에게 창피하지 않을 정도의 안정만 있을 뿐이다. 결국 아무도 주목하지 않는 중국집 우동 같은 존재가 되고 만다 (중국집에서 우동 시켜 먹은 게 언제였는지 기억도 없다).

그러나 60점과 100점 사이에서 롤러코스터를 타는 사람의 머릿속은 도전과 변화의 의욕으로 가득 차 있다. 실패를 받아들이겠다는 의지도 넉넉하다. 이 사람에게 학생이 학교에 가는 이유를 물으면, 학교가 학생에게 올 수 없으니까! 라고 대답한다.

60점을 각오하고 저지르는 사람만이 100점을 받을 수 있다. 두 사람이 지금은 똑같이 평균 80점이지만 시간이 가면 차이는 벌어진다. 저지르는 사람의 평균점수 그래프는 조금씩이라도 상향곡선을 그을 것이고, 또 롤러코스터의 폭도 조금씩 줄 것이다.

### 나를 이겨다오

광고쟁이 되기 어렵다. 카피라이터 되기 어렵다. 광고쟁이로 살기도 역시 어렵다. 그럼에도 불구하고 많은 젊은이들이 카피라이터를 꿈으로 들고 있다(여기서 한 가지 꼭 말해 주고 싶은 것. 내 책에 실린 글을 읽고 그것을 카피로 오해하는 젊은이들이 있다. 나도 이런 글을 써야지, 하면서 카피라이터가 되겠다는 친구들이 있다. 하지만 내 책에 실린 글들은 조금 짧은 에세이지 카피가 아님을 밝힌다).

내게 온 메일이나 쪽지를 보면 대학생은 물론 중고생 심지어는 초등학생까지 자신의 꿈이 카피라이터라고 밝힌다. 그게 어려운 길인지 잘 알면서도 쉽게 꿈을 놓지 않는다. 어렵다는 말을 그들은 이렇게 생각하고 있는 것이다. 도전할 의욕이 생긴다. 도전해볼 만한 가치가 있다. 말랑말랑한 도전이 아니어서 오히려 더 좋다.

나는 광고연구원이라는 곳에서 카피 강의를 한다. 14기부터 강의를 했는데 얼마 전 64기를 가르쳤으니, 한 곳에서 무려 15년이 넘는 세월을 징그럽게 버티고 있는 것이다. 이곳의 문을 두드리는 이들이 바로 그 어려운 도전이라는 것을 하는 친구들이다. 십여 년 전부터 광고대행사 들어가기 어렵다는 얘기가 한 해도 거르지 않고 들리고 있고, 최근엔 신입사원은 아예 뽑지 않는다는 얘기까지 들린다. 그것을 알면서도 이곳을 찾는 젊은이들이 끊이지 않는 걸 보면, 도전이라는 단어가 참 아름답고 매력적이라는 생각이 든다.

▼

　나는 강의가 끝나면 도전이라는 단어 하나 들고 그곳에 온 그 친구들과 가끔 2교시를 갖는다. 수업 시간보다 생맥주 한잔 부딪치는 이 시간이 더 소중하다고 말하고, 그곳에서 강의 때보다 더 많은, 더 깊은 이야기를 한다. 잘난 척 이런저런 얘기를 풀어놓는 나. 내 이야기를 한마디라도 더 들으려고 목을 쭉 빼고 앉아 있는 친구들. 욕심과 욕심이 만나는 순간이다. 그 친구들은 자신의 도전에 자신감과 용기를 더하고 말겠다는 욕심, 나는 그들로부터 젊은 감각을 수혈 받겠다는 욕심(내가 카피라이터 선배가 아니었다면 과연 그들이 나 같은 노인네랑 술을 마셔 줄까. 마셔 줄 때 열심히 마시고 이들의 말투나 행동, 감각, 사고방식을 내 낡은 몸과 마음에 충전해야지).

　시끌벅적한 술집. 어두운 조명. 하지만 그들의 표정은 분명 살아 있다. 오늘은 당신이 카피라이터지만, 내일은 제가 카피라이터입니다, 라고 내게 말하고 있다. 그들에게 대답한다. 그래, 빨리 커서 너희가 나를 이겨다오.

　물론 광고가 독립운동은 아니다. 그러니 김구 선생님이나 안중근 의사같은 비장한 표정으로 광고나 카피를 바라볼 이유는 없다. 하지만 그 일의 가치와 무관하게, 어느 한 분야에 내 인생을 걸어 보겠다는 자세는 여전히 아름답다. 문이 좁고, 그 문을 여는 열쇠도 몇 개 없고, 그 열쇠를 누가 갖고 있는지 확인하기도 힘든 상황이지만 문은 결국 도전하고 도전하고 또 도전하는 사람에게 열리게 되어 있다.

오늘도 책상 앞에서 머리 싸매고 낑낑거리고 있는 광고쟁이들, 오늘도 책상 앞에서 머리 싸매고 낑낑거리고 싶어서 도전을 멈추지 않는 예비 광고쟁이들, 오늘 하루도 멈추지 않고 땀으로 꿈을 만들어 가는 청춘들, 모두 파이팅이다. 그리고 정철, 너도 파이팅이다.

### 슬럼프 탈출법

나도 가끔 슬럼프를 겪는다. 일이 힘들고 귀찮아질 때가 있다. 머릿속이 하얘지면서 아무 생각도 나지 않을 때가 있다. 내게 슬럼프란 내가 하는 일이 시들해졌다는 것을 의미한다. 의욕이 주저앉는 것이다.

그때 내가 쓰는 슬럼프 탈출법. 그건 내가 하는 일 전체가 아니라 어느 작은 한 부분에서 재미를 찾는 것이다. 어느 한 부분에서라도 재미를 찾게 되면 그것이 조금씩 전염되며 일 전체를 다시 살려 내는 촉매제 역할을 한다. 예를 들면 한동안 연필 하나만 집중적으로 사랑하는 것이다.

무지개 색깔에 맞춰 연필 일곱 자루를 마련해 요일마다 다른 색깔을 쥐어 보기도 하고, 삼각 사각 팔각 등 다양한 형태의 연필을 손에 쥐고 그 느낌이 어떻게 다른지 비교해 보기도 하고, 연필의 몸통 한 가운데에 '정철 꺼'라고 문신을 새겨 보기도 하

▼

고, 연필깎이도 여러 개 줄 세워 놓고 돌려 가면서 깎아 보기도 하고, 몽당연필을 얼마나 짧아질 때까지 쓸 수 있나 시험해 보기도 하고.

　이렇게 연필이라는 아주 작은 부분에 집중하다 보면 모든 게 시들했던 몸과 마음이 조금씩 기운을 찾는다. 그러면서 조금씩 슬럼프를 벗어나는 것이다.

　꿈을 가진 사람은 모두 슬럼프를 겪는다. 막 걸음마를 시작한 아기도 겪는 게 슬럼프다. 나만 슬럼프에 자주 빠진다는 생각은 생각이 아니라 착각이다. 주위에 늘 한결같은 사람이 보인다면, 그는 한결같이 슬럼프에 빠져 있는 것이라고 보면 된다.

　꿈을 손에 넣는 날까지 지치지 않고 찾아오는 슬럼프라는 친구. 어떻게 이겨내야 할까. 내가 쓰는 슬럼프 탈출법을 똑같이 권한다. 정말 이 꿈을 이룰 수 있을지 자꾸 의심이 들면 그 꿈 전체를 보지 말고 어느 한 부분에 미쳐 버리는 것이다.

　예를 들면 이미 그 꿈을 이루었거나 그 꿈에 가깝게 다가선 한 사람을 지독하게 짝사랑해 버리는 거다. 그러면 그 사람이 쓴 책을 읽는 것만으로도 행복해진다. 그것이 연애편지처럼 느껴질 테니까. 그 사람의 강연을 들으려고 맨 먼저 강연장에 달려가 맨 앞자리를 차지하게 된다. 그 사람이 쏟아내는 모든 말들이 당신의 귀엔 꿈을 놓지 않아야 하는 이유로 들린다. 그 사람 하나만 보고 돌직구처럼 그냥 가는 거다. 꿈을 포기하는 것은 사랑하는 그 사람과의 이별을 뜻하는 것이니 쉽게 접을 수 없다. 그러면 언젠가는 그 사람이 당신이 뒤집어쓰고 있는 슬럼프를 벗겨 주며 당신을 향해 엄지손가락을 치켜 올릴 것이다.

### 당신은 지금 자서전 집필 중

지금까지 발상전환 하려는 사람의 자세, '하자'에 대해 얘기했다. '하자'는 앞에 두 글자를 더 붙여 '실패하자'로 기억해도 좋다. 실패는 누구나 하는 것이니 몇 번의 실패에 조금도 주눅 들지 말라고 마지막으로 〈자서전〉이라는 글을 소개한다.

모든 자서전엔 실패를 딛고 일어선 이야기가 나온다.
당신이 지금 세상에서 가장 큰 실패를 한 사람이라면,
세상에서 가장 감동적인 자서전을 준비하고 있는 것이다.

발상전환 하는 사람이
가져야 할 철학
당신에게 하고 싶은 당부.
사람을 향하라.

자

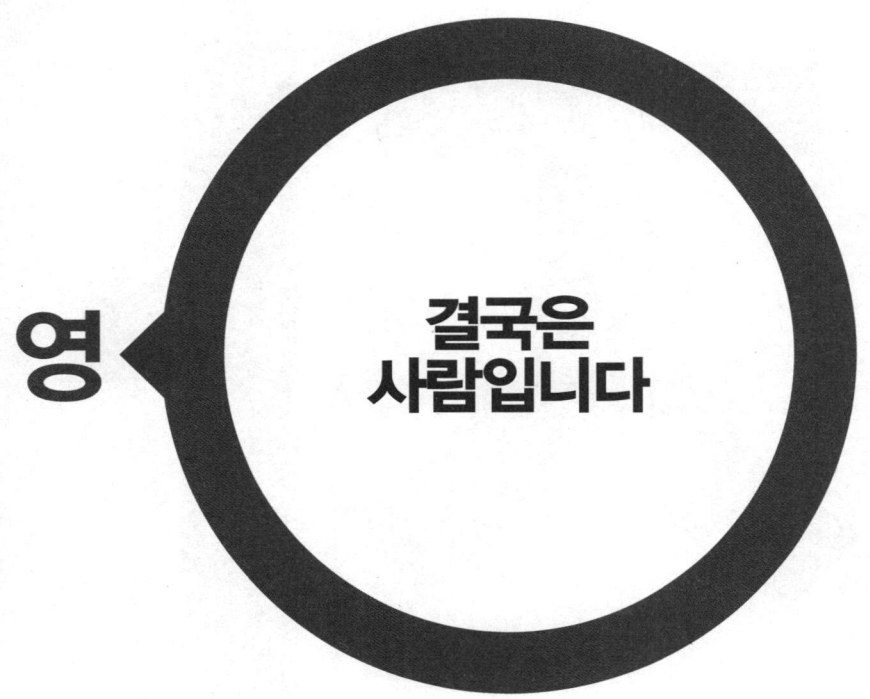

### 먼저 드리고 싶은 말씀

지금까지 여덟 장을 지나오는 동안 저는 당신에게 한다, 하라 등의 반말을 썼습니다. 그러나 이 마지막 장에서는 말을 높이겠습니다. 존대어를 쓰겠습니다.

이제까지 한 이야기는 제가 당신에게 이렇게 해 보라고 강요하거나 설득하는 내용이었습니다. 그래서 조금이라도 강하게 밀어붙이고 싶어 반말을 쓴 것입니다. 하지만 이 마지막 장에서만은 그럴 수가 없습니다.

지금부터 하는 말은 간곡한 부탁이기 때문입니다. 간절한 당부이기 때문입니다. 부탁하고 당부하는 사람이 이래라, 저래라 할 수는 없지 않습니까.

이 책의 제목이 《머리를 9하라》이지만, 이 장만은 머리가 아닌 《가슴을 9하라》라고 해야 할 것 같습니다. 이제부터 제가 드릴 이야기는 가슴 이야기입니다.

갑자기 존대어를 들으니 어색하다고요? 하나의 말투로 책을 끝까지 써야 한다는 법은 없지 않습니까. 이렇게 마지막에 말투가 바뀌면 책을 읽는 느낌이 살짝 바뀌며 지루함을 덜 수도 있지 않겠습니까(이것도 발상의 전환이겠지요). 갑자기 예의 바른 친구가 되었다고 놀라지도 놀리지도 말고, 그렇다고 너무 목에 힘주지도 말고 제 마지막 이야기를 들어 주십시오.

### 사랑하는 영자 씨에게

자, 이제 이 책의 마지막 주제 '영자'입니다. 영자는 사람 이름입니다(이미 그럴 거라 짐작하셨죠?). 지금 청춘들에겐 이런 이름이 익숙하지 않겠지만 제가 어렸을 땐 영자, 순자, 숙자, 명자, 춘자 등 끝에 '자' 자 들어가는 이름이 한 집 건너 하나씩 있었습니다.

이제껏 제가 말씀드린 모든 발상전환의 결과들이 바로 이 영자 씨, 즉 사람을 위해 쓰였으면 하는 당부를 드립니다. 발상전환을 하겠다는 모든 사람들이 끝까지 꼭 붙들고 갈 단어가 사람이었으면 좋겠습니다. 그것이 우리 모두의 철학이었으면 좋겠습니다.

여기에서의 사람은 그 반대말을 물질이나 성공, 성장, 개발로 생각해도 좋습니다. 열심히 머리를 사용해서 어렵게 오답을 만들어 냈는데, 그것이 내 주위 사람들에게 아픔이나 슬픔을 준다면 무슨 의미가 있겠습니까. 차라리 머리를 사용하지 않고 먼지 쌓이게 그냥 두는 편이 훨씬 낫겠지요.

사람 사는 세상으로 가는 길을 넓히는 데 당신의 머리가 사용되기를 빕니다. 물론 철학이나 가치관은 사람마다 다를 수 있으니, 이 부분만은 제 개인적인 생각일 수 있습니다. 그러나 이 책을 중간에 덮지 않고 여기까지 끌고 온 사람이라면 저와 같은 생각을 했으면 좋겠습니다.

내 소원은 딱 하루만
사랑을 해 보는 것.

내 소원은 딱 하루만
사람이 돼 보는 것.

자

▼

**사람의 성분은 무엇일까요**

마지막으로 하나 묻겠습니다. 사람의 성분은 무엇일까요? 수소? 탄소? 아니면 물? 이젠 제가 질문을 하면 모두가 알고 있는 정답은 답이 아닐 거라는 것쯤은 눈치 채실 것입니다. 맞습니다. 제가 생물학 강의를 하려는 건 아니니까요. 저는 사람의 성분이 이런 것들이라고 생각합니다.

사랑
긍정
용기
희망
위로
감사
믿음
겸손
배려

사람의 체온이 36.5도로 따뜻한 건 바로 이런 따뜻한 단어들이 우리 몸을 이루는 성분으로 채워져 있기 때문입니다. 당신이 사는 이유인 사랑, 당신의 미래를 만들어 주는 고마운 친구인 긍정, 당신을 당신답게 표현하는 용기, 힘들어도 당신을 늘 웃게 만드는 희망, 누군가에게 당신의 가슴을 빌려 주는 위로, 하루에도 몇 번씩 표현해야 하는 감사, 따로 수식어가 필요 없는 믿음, 나를 돌아보는 겸손, 손잡고 나란히 함께 걷는 배려.

이런 따뜻한 성분들이 당신의 가슴에도 손끝에도 입술에도 묻어 있습니다. 물론 요즘은 이들이 많이 위축되어 있습니다. 기가 죽어 있습니다. 돈이나 성공, 명예 같은 성분들이 득세하여 활개를 치기 때문입니다. 그러나 이런 현상이 오래 가지는 않을 것입니다. 사람의 원래 성분이 그것들이 아니라면 말입니다.

저는 당신이 늘 이런 따뜻한 성분들을 주제로 또는 소재로 생각하고 글도 쓰고 머리를 가지고 놀았으면 합니다. 제품개발을 한다면, 사람이 따뜻하게 안아 주면 공짜 콜라가 나오는, 싱가포르에 있다는 그런 콜라 자판기 같은 것을 만들어 주셨으면 좋겠습니다. 그렇게 할 수만 있다면 당신이 만들어 낸 결과물들은 더 큰 울림을 줄 것입니다. 사람의 몸에 들어 있는 성분을 툭툭 건드리니 당연히 울림이 커질 수밖에요. 이런 소중한 단어들이 우리의 원래 성분이었다는 것을 당신이 잊지 않았으면 좋겠습니다.

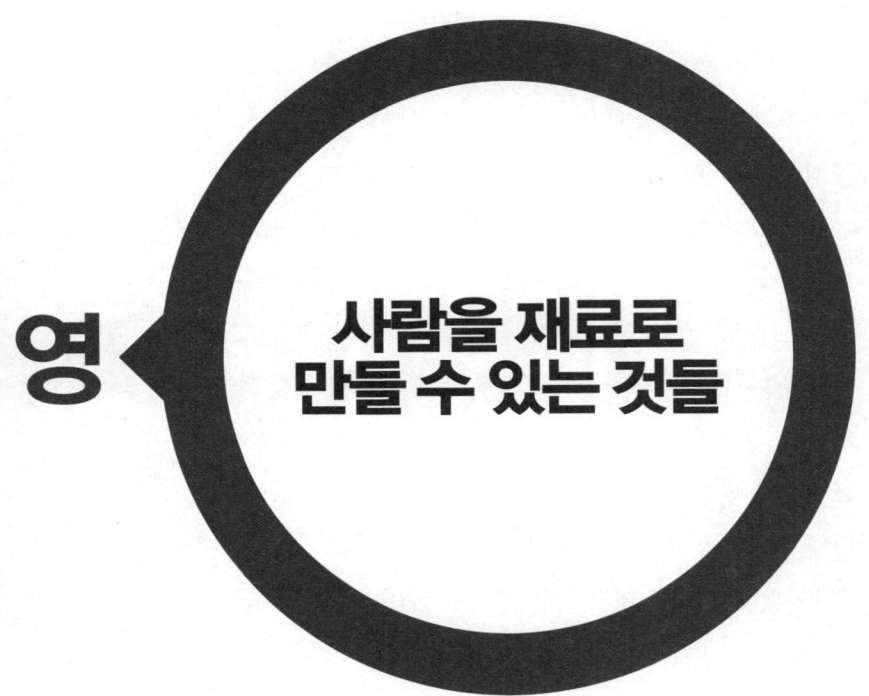

### 정철이라는 사람의 생각창고

생각을 건져 올리려는 웹서핑, 저는 잘 하지 않습니다. 웹이라는 바다엔 수많은 자료와 아이디어가 물고기처럼 퍼덕거리고 있지만 그것을 살피는 데 시간을 쓰지 않습니다. 그곳엔 내 것이 없기 때문입니다. 그곳은 모든 사람에게 균질한 규격과 농도의 생각을 제공하기 때문입니다.

저는 생각이 막히면 그냥 쉽니다. 머리에게 빨리 생각 내놓으라고 닦달하지 않습니다. 머리가 생각을 내놓지 않는 건 그럴만한 이유가 있는 거니까요. 그동안 너무 많이 일을 해 피로하다거나 배터리가 다 닳아 재충전이 필요하다거나. 이럴 땐 머리에게 휴식과 휴가를 줍니다. 머리가 예뻐서가 아니라 더 지독하게 부려먹으려고.

머리를 쉬게 한 후 저는 생각창고로 발길을 옮깁니다. 물건이 아니라 생각을 넣어 두는 창고. 그건 바로 사람입니다. 제가 만나는 모든 사람이 저의 생각창고입니다. 저와 생각창고 사이엔 대개 술잔이 놓여 있습니다. 저는 생각창고에게 술을 따라 주고 생각을 받을 채비를 합니다. 생각창고는 술에 젖어 가며 순순히 제게 생각을 내놓습니다.

집사람, 딸아이, 친구, 이웃, 스승, 동료, 동지, 독자. 제가 손을 뻗으면 닿을 만한 거리에 있는 모든 사람이 바로 저의 생각창고입니다. 이들을 만나 술잔을 나누고 눈빛을 나누고 세상 이야기

▼

　를 나누고 감정을 나누다 보면, 어느새 지금 내게 꼭 필요한 생각들이 술잔에 술 넘치듯 철철 넘쳐흐릅니다. 저는 그 생각들을 술에 섞어 홀짝홀짝 받아 마시면 됩니다. 세상에서 가장 따뜻한 생각은 역시 사람에게서 얻는 생각입니다.

　지금 당신은 제게 이런 질문을 하고 싶겠지요. 생각을 하나도 얻어 가지 못하는 날도 있지 않나요? 있습니다. 그런 날도 있고 그런 만남도 있습니다. 하지만 그건 그 사람이 너무 좋아, 그 사람을 건지느라 미처 생각을 건지지 못하는 경우입니다. 그러니 생각을 챙기지 못하는 날이 가장 행복한 날이지요. 생각을 건지려다 사람을 건졌으니 더없이 행복한 날이지요.

### 친구가 있으세요?

　인생만큼 많은 사람들이 글로 표현하고 정의를 내린 단어도 많지 않을 것입니다. 저도 그들 틈에 끼어 글 하나를 썼습니다. 제가 쓴 글 중 가장 짧은 글에 속하는 글입니다.

　저는 이 글을 쓰고 아, 정말 좋다! 하면서 스스로 제 머리를 쓰다듬었습니다. 사람을 향한 글 하나를 제대로 쓴 기분이었다고나 할까요. 이 글은 지금도 저희 집 거실 벽에 유명화가의 그림 대신 걸려 있습니다.

자

나이를 먹지 않는
유일한 동물은?
친구.

▼

**인생**

친구가 있으세요?
그럼 됐습니다.

딱 두 줄입니다. 하지만 어떤 울림을 느끼셨다면 그래서 공감하셨다면 당신은 사람을 향할 준비가 된 것입니다. 이 글의 첫 단어인 친구를 돈이나 성공으로 바꿔 놓고 글을 다시 읽어 보십시오. 돈 좀 버셨습니까? 그럼 됐습니다. 성공하셨습니까? 그럼 됐습니다. 왠지 조금 웃기지 않습니까. 웃기면서도 왠지 슬프지 않습니까.

그런데 우리는 이 웃기면서도 슬픈 일을 인생의 목표로 삼고 그 방향으로 길게 줄을 섭니다. 웃기는 데 결코 웃을 수 없는 현실. 조금만, 조금만 더 사람을 향합시다.

영

### 햄버거와 피자의 가르침

다시 관찰로 돌아가 봅시다. 뚫어질 때까지 바라보는 집중력과 인내력. 그 무기를 들고 햄버거를 관찰해 봅시다. 어느 정도 관찰했다면 이번엔 피자를 관찰해 봅시다. 그리고 다시 햄버거, 다시 피자. 이렇게 번갈아가며 관찰해 봅시다. 그냥 아무 생각 없이 관찰하는 게 아니라 사람의 성분인 배려와 사랑과 감사로

온몸을 따뜻하게 데운 후에 관찰해 봅시다. 그러면 어느 순간 뻥! 소리가 나며 햄버거에도 피자에도 구멍이 뚫립니다. 둘 사이에 근본적인 차이가 있음을 발견하게 됩니다.

> 햄버거가 배워야 할 것은
> 한 사람의 입이 찢어질 때까지
> 고기, 야채 듬뿍 우겨넣는 방법이 아니라
> 태어날 때부터 나눠 먹도록 설계된 피자의 철학이다.

뚫어지게 보는 것 물론 중요합니다. 하지만 뚫어지게 볼 때 당신의 머릿속이 무엇으로 채워져 있느냐 역시 중요합니다. 그 두 가지가 잘 만나야 새로운 답이 재미도 있고 의미도 있게 만들어집니다. 만약 당신도 햄버거와 피자에서 '나보다 우리'라는 오답을 발견하셨다면 이제 하산해도 좋습니다.

### 글자로 그림을 그리세요

#### 하느님의 컨디션

길에 떨어진 동전은 하느님이 내게 던져 주신 선물이 아니다. 하느님은 동냥그릇을 향해 던졌는데 컨디션이 좋지 않아 빗나간 것이다. 하느님의 컨디션이 좋지 않은 날엔 내가 대신 수고를 좀 해야 한다.

역시 영자 씨에게 바치는 글입니다. 그런데 이 글에서는 해 주고 싶은 이야기가 하나 더 있습니다. 특히 글 쓰는 일에 조금이라도 관심이 있는 사람에게 던져 주고 싶은 팁입니다.

이 글을 읽으며 머릿속에 그림이 그려졌습니까. 하늘에서 하느님이 동냥그릇을 향해 동전을 던지는 모습, 동전이 동냥그릇을 탁 치고 빗나가 길바닥에 나뒹구는 모습, 내가 그것을 주워 동냥그릇에 넣어 주는 모습. 이런 그림이 그려졌습니까. 그랬다면 이 글은 꽤 잘 쓴 글입니다. 글은 이렇게 머릿속에 그림이 그려지도록 구체적으로 쓰는 게 좋습니다.

글을 쓸 땐 이 구체적! 이라는 세 글자를 꼭 기억하셔야 합니다. 추상적이고 관념적인 글과 구체적인 글은 전달력에서 큰 차이가 납니다. 머릿속에 그림이 그려진다는 것은 글과 함께 사진 한 장을 찰칵 찍어 머릿속에 각인시키는 것입니다. 당연히 글의 힘이 세집니다. 울림도 그만큼 커집니다. 글 쓰는 요령 수십 가지보다 구체적! 이 한마디를 꽉 붙드는 것이 훨씬 더 남는 장사임을 잊지 마십시오.

### 초등학생에게 맨 먼저 가르쳐야 할 것

초등학생에게 맨 먼저 가르쳐야 할 것은 무엇일까요. 그것이

수학이라면 당연히 덧셈이라고 대답하겠지요. 정말 그럴까요. 덧셈이 가장 쉬우니까 가장 먼저 가르쳐야 한다고 누구나 생각하지만, 그게 아닐 수도 있다는 새로운 생각을 해 보았습니다. 그때 내 머릿속엔 역시 사랑, 감사, 배려 같은 사람의 성분들이 바쁘게 움직이고 있었습니다.

**초등학생에게 맨 먼저 가르쳐야 할 것**
덧셈은 욕심.
뺄셈은 낭비.
곱셈은 과욕.
나눗셈은 사랑.
초등학생에게 맨 먼저 가르쳐야 할 것은
덧셈이 아니라 나눗셈이다.
나눗셈은 어려워서 어려운 게 아니라
많이 해 보지 않아서 어려운 것이다.

초등학생을 등장시켜 말하고 있지만 실은 어른들의 이야기일 것입니다. 당신과 나 그리고 우리 모두에게 가장 필요한 것이 바로 나눗셈. 계산 빠르다는 요즘 우리는 계산에 좀 더 서툴 필요가 있습니다.

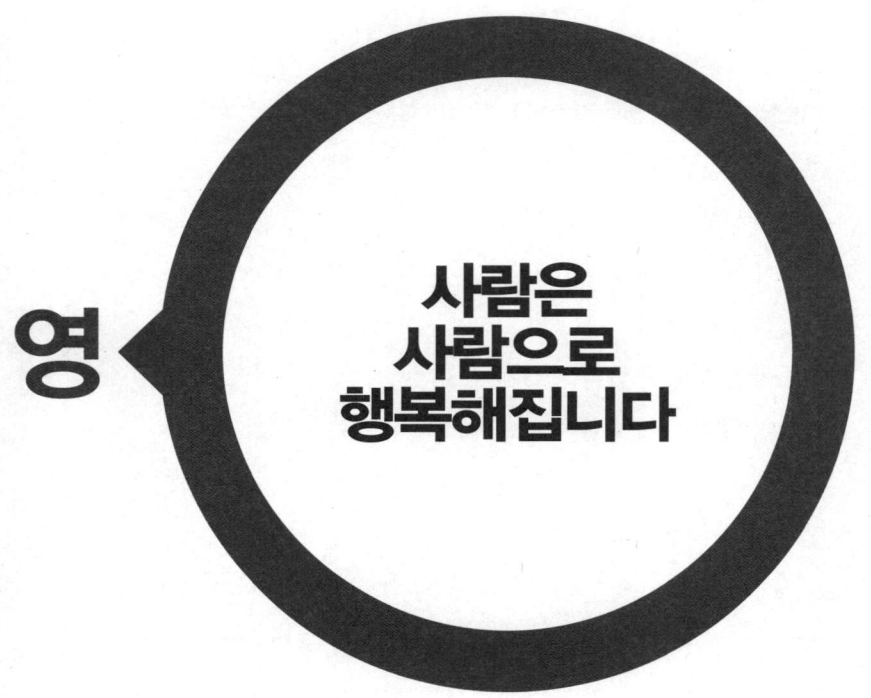

### 청바지 이야기

저는 청바지를 즐겨 입습니다. 아니, 즐겨 입는 게 아니라 거의 청바지 하나만 입습니다. 젊어 보이려고? 그렇습니다. 정말 젊어 보이려고? 정말 그렇습니다(기발하고 멋진 이유를 기대했다면 죄송합니다).

편하다, 싸다, 막 입을 수 있다, 또 다른 여러 이유가 있겠지만 저는 젊어 보이려고 청바지를 입습니다. 조금 더 정확히 말씀드리면 젊어지려고 청바지를 입습니다. 바지 하나 갈아입는 것으로 몸이 젊어질 리는 없지만 생각은 젊어집니다. 외모나 옷차림이 그 사람의 생각까지 간섭한다는 사실을 잊지 마십시오. 제 패션에 대해 말씀드리려고 청바지 이야기를 꺼낸 게 아닌데, 또 이야기가 빗나가고 말았군요. 다시 이야기의 중심을 잡겠습니다.

19세기 중반, 유태인으로 태어나 성공을 꿈꾸며 미국으로 건너온 한 남자 이야기입니다. 그는 금광에 몰려드는 사람들을 주목했습니다. 그들에게 두꺼운 천으로 마차용 천막을 만들어 팔려고 했으나 팔리지 않았습니다. 사업이 파산 위기에 처했습니다. 꿈이 무너질 위기에 처했습니다. 그때 이 남자의 눈에 들어온 것은 바로 사람이었습니다. 주점 한쪽 구석에 앉아 해진 옷을 깁고 있는 광부들이었습니다. 남자는 그때서야 천막이 아니라 당장 입을 수 있는 튼튼한 옷을 만들어야겠다고 생각했습니다. 천막 천으로 옷을 만들고 인디언 전통 물감으로 푸른색 물

297

도 들였습니다. 청바지가 탄생하는 순간입니다.

이후 제임스 딘, 마론 브란도 등 할리우드 스타들이 이 바지를 입기 시작했고 사람들은 이 옷에 열광했습니다. 영화 〈그리스〉에서 올리비아 뉴튼 존이 이 옷을 입고 춤을 추면서 여성들의 마음도 사로잡았습니다. 위기 속에서 사람에게 눈길을 주며 성공을 거둔 이 남자, 바로 리바이스의 창업자 리바이 스트라우스입니다. 사람을 위한 발상전환. 이것이 그를 위기에서 살렸고 리바이스를 가치 있는 브랜드로 만든 것입니다. 결국은 사람입니다.

# 영

### 편지 상자가 왔어요

얼마 전 너무나 감동적인, 너무나 깜찍한, 너무나 행복한 선물을 받았습니다. 부여여고 2학년 7반 아이들과 선생님이 제게 보내 준 선물이었습니다. 소포 포장을 뜯자 예쁜 선물 상자가 나옵니다. 상자를 열자 한 땀 한 땀 정성스럽게 손으로 쓴 편지 책 한 권. 썼다기보다 빚었다는 표현이 더 어울리는 예술품이었습니다. 그것은 그냥 편지가 아니라 마음이었습니다.

예술 감각이 돋보이는 다영이의 편지, 내게 사랑고백을 하고만 은지의 편지,《불법사전》표지를 훔쳐 와 패러디한 상은이의 편지…. 무려 서른한 장의 손 편지에 저는 그만 울 뻔했습니다.

편지 끝에는 아이들과 선생님이 함께 찍은 단체 사진이 붙어 있었고, 그 사진 위엔 각자의 이름이 깨알 같은 글씨로 적혀 있었습니다. 편지엔 자신이 예쁘다고 소개한 아이들이 많았는데 사진을 함께 보낸 건 큰 실수라고 생각했습니다.

그리고 편지 책 맨 마지막에 조용히 자리한 2학년 7반 담임 선생님의 편지. 반 아이들을 앞세우고 자신은 맨 뒤에 선 예쁜 마음이 느껴졌습니다. 선생님의 편지엔 이렇게 적혀 있었습니다.

이제 겨우 교직 5년차. 아직은 잘하는 것보다 서툰 게 더 많은 새내기 교사입니다. 이렇게 부족한 저는 학생들에게 나를 믿으라고 말하기보다, 나는 너희들의 도움이 필요하다고 솔직히 말하는 정직한 방법을 택했습니다. 가르치는 건 고작 영어 단어 몇 개뿐인데 아이들에게 배우는 건 삶에 대한 감사와 사소한 것들의 큰 의미와 사람의 소중함, 이렇게 큰 가치들입니다. 그래서 저는 선생님인 제가 고맙습니다. 신은 어쩌면 제가 너무 부족해서 선생님으로 만들어 주셨는지도 모르겠습니다.

올해 모교인 부여여고에 부임한 저는 바로 학급문고를 만들었습니다. 선생님의 책들은 금방 입소문이 나 학급 내, 2학년 내 스테디 & 베스트셀러가 되었답니다. 하루에 한 번 영어시간보다 하루에 한 편 선생님의 글이 딸들을 더 성장시켜 가고 있음을 느낍니다. (중략) 꼭 한번 와 주셨으면 좋겠습니다. 힘든 걸음이겠지만 아이들에게는 더할 나위 없는 소중한 시간이 되리라 믿습니다. 오

▼

시면 공기 좋은 부소산 자락에서 푸짐한 식사 대접하겠습니다.
　　알겠습니다.
　　고맙습니다.
　　가겠습니다.

저는 이렇게 답을 했습니다.


### 김제동 부럽지 않은

2년 전 쯤에 전북 제일고에 다녀온 생각이 났습니다. 한 국어 선생님이 제게 보낸 한 장의 쪽지가 저를 그곳까지 내려가게 만들었습니다.

　　지방 학생들은 문화 혜택을 받지 못합니다.
　　안타깝습니다.

이 한마디가 저를 움직이게 한 것입니다. 학생들은 세상 이야기와 인생 이야기를 정말 많이 목말라 했습니다. 덕분에 무명작가인 제가 환대를 받을 수 있었겠지요. 사인을 받으려고 길게 늘어선 줄을 보며 김제동 부럽지 않다는 생각을 했습니다.
　저는 가끔 이런 이야기를 합니다. 제 책을 중고등학생들이 많이 읽어 줬으면 좋겠다고. 공부라는 놈 때문에 경직된 그들의 머리를 흔들어 줘야 하지 않겠냐고. 그런데 생각보다 많은 학생이 제 책을 읽었다는 것을 확인했습니다. 물론 국어선생님의 압력이 있었겠지만. 그곳에서도 학생들의 독후감 모음집을 받았습니다. 독후감일수도 있고 편지일 수도 있는 글인데 한 장 한 장 읽으며 기분이 참 좋아졌습니다. 시간이 허락하는 대로 지방에 자주 가야겠다, 가능하면 중고등학교 강연도 자주 해야겠다, 생각했고 그 후로는 지방행이 잦아졌습니다.

기억을 더듬는 동안 어느새 저는 부여에 도착해 있었습니다. 강연을 하러 가는 게 아니라 위로를 받고 돌아오자는 속셈이 더 컸습니다. 아이들의 에너지를 훔쳐 오려는 속셈이 더 컸습니다.
터미널엔 선생님과 예쁜 여학생 둘이 저를 기다리고 있었습니다. 학교까지 가는 길. 부여는 참 고요한 도시라는 느낌을 받았습니다. 아이들도 다른 대도시에 비해 순수하다는 얘기를 들었습니다. 어쩌면 교통이 불편한 외진 곳에 위치한 것이 부여에겐 큰 축복인지도 모른다는 생각을 했습니다.

### 교실 문을 드르륵 열자

먼저 1학년 전체 학생들을 대상으로 강연을 했습니다. 처음엔

▼

제게 편지 책을 보내 준 2학년 7반 아이들만 만나려 했는데, 이왕 내려온다니 이 사람의 머릿속을 다 빼먹자는 1학년 국어선생님의 제의가 있었던 것 같았습니다. 반응도 좋았고 몇몇 학생은 강연 끝나기가 무섭게 트윗으로 제게 강연 들은 소감을 전해 주기도 했습니다. 전북 제일고 생각이 다시 나는 느낌이 좋은 시간이었습니다. 그리고 마침내 2학년 7반 교실로 향했습니다. 제게 감동을 준 그 편지 책을 쓴 아이들이 있는 곳. 기대를 잔뜩 하며 교실 문을 드르륵 열고 들어갔습니다. 저는 그 자리에 꼼짝 없이 서 있을 수밖에 없었습니다.

합창!

7반 아이들이 저를 위해 노래를 준비한 것입니다. 지휘자의 멋진 손놀림, 아이들의 멋진 하모니. 이 친구들은 정말 저를 감동시키려고 작정을 했나 봅니다. 노래 제목은 모릅니다. 무슨 오페라에 나오는 곡이라 했는데 감동에 혼이 나가 기억나지 않습니다.

'카피라이터 정철 이야기'라는 제목의 강연을 했습니다. 제 인생에 있었던 네 번의 큰 변화를 하나하나 들려 주었습니다. 그것은 경제학과를 졸업하고 카피라이터가 된 이야기, 사람이라는 단어를 내 인생 끝까지 가져갈 단 하나의 단어로 삼게 된 이야기, 나이 40이 넘어 카피라이터에서 작가로 무게중심을 옮기게 된 이야기, 그리고 바로 지난해, 50년을 나를 위해 살았으니 딱 1년만 대한민국을 위해 살아 보자 결심하고 낯선 곳에서

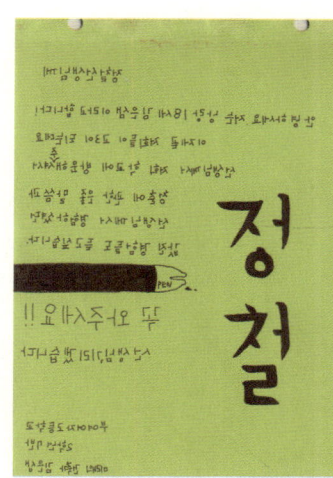

1년을 보낸 이야기.

강연을 하면서 교실 뒤 벽에서 참 멋진 환경정리를 발견했습니다. 제 얼굴을 그대로 옮겨 놓은 캐리커처. 우유빛깔 정철이라는 과장법을 뻔뻔하게 사용한 포스터. 내 이름을 '정Fe'라고 써놓은 재치. 이렇게 생각도 표현도 시도도 자유로운 아이들. 하지만 제 이야기를 들을 때는 딴 사람들이었습니다. 아이들은 제 이야기를 하나도 놓치지 않겠다는 표정으로 진지하게 들어줬습니다.

강연 후 넓은 식당으로 갔습니다. 서른 명 이상이 모인 자리에서 저 혼자 소주를 마셨습니다. 자리에서 일어나 한마디 했습니다. 열여덟 살에는 열여덟 살이 지나면 할 수 없는 그 일을 꼭 하라고 했습니다(당신은 지금 몇 살입니까? 지금이 아니면 할 수 없는 일은 무엇입니까?). 정말 예쁘고 구김 없이 잘 자라는 아이들이라는 느낌이 들었습니다. 아이들을 이렇게 예쁘게 키우고 있는 선생님이 참 멋있어 보였습니다. 저는 정말 크게 위로 받고 에너지도 듬뿍 충전하고, 또 보자는 약속을 하고 돌아왔습니다.

부여여고 이야기를 이 책 맨 마지막에 소개한 이유는 사람 냄새를 전해 드리고 싶어서입니다. 책을 덮더라도 한동안 이 사람 냄새가 당신의 코끝에 머물렀으면 좋겠습니다. 사람냄새 진하게 나는 곳 어디 또 없나, 하고 늘 두리번거리셨으면 좋겠습니다.

사람은 사람으로 행복해집니다. 세상에 없는 새로운 발상일지라도 그것이 사람을 향하지 않으면 결코 행복을 가져다 주지 않을 것입니다.

수고하셨습니다.
사랑합니다.
소원성취하세요.

모두가 시옷으로 시작하는 한마디입니다. 이렇게 시옷으로 시작하는 말에선 따뜻한 사람냄새가 납니다. 사람도 시옷으로 시작하기 때문입니다. 사람 人이 시옷을 닮은 것도 같은 이유일 것입니다. 우리가 만들어야 할 세상은 이렇게 시옷으로 시작하는 단어 셋을 한데 모아 놓은 세상입니다. 사람 사는 세상입니다.

## 도착_ 아홉 번 고맙습니다

아홉 가지 이야기를 했다. 긴 이야기 잘 참고 들어줘 고맙다. 이제 아홉 가지 숙제를 내는 것으로 이 책을 접고자 한다. 끝까지 괴롭힌다 생각하지 말고, 당신의 몸 안에 살아 있는 사람의 성분들을 하나하나 꺼내 들고 이 숙제를 해 주길 바란다(하는지 안 하는지 다 보인다).

하나, 찾자. 사랑하는 사람을 위해 흔하디 흔한 사랑의 말 말고, 오직 당신만이 할 수 있는 새로운 사랑의 말 한마디를 찾아보라.

둘, 떨자. 사랑하는 사람이 한 말을 당신의 아이디어 노트에 담아 두었다가 1년 후쯤, 그때 당신이 이런 말을 했어, 너무 인상적이어서 적어 두었어, 볼 때마다 이 말은 나를 감동시켜, 라고 말을 건네 보라.

셋, 참자. 사랑하는 사람을 하루 종일 관찰해 오직 그 사람만이 지닌 매력 한 가지를 기어코 발견해 내라. 그리고 그 발견을 와인 잔 부딪치며 넌지시 전해 줘라.

넷, 묻자. 곁에 사랑하는 사람이 없다면, 사랑하는 사람이 없어서 행복한 이유 세 가지를 생각해 내라. 홀로 잠자리에 들 때마다 이를 주문처럼 외워라.

다섯, 놀자. 사랑하는 사람의 이름 석 자로 삼행시를 만든 다음 그 사람에게 한 글자씩 운을 띄워 보라고 하라.

여섯, 돌자. 사랑하는 사람의 단점을 뒤집어 보라. 그래서 그것이 왜 단점이 아니고 장점인지 자세히 설명해 줘라(여기에서 조심! 충분히 설득력이 있어야 한다. 우물쭈물 설명하다 단점만 부각시키고 마는 돌이킬 수 없는 사태가 발생할지도 모른다).

일곱, 따자. 사랑에 관한 멋진 한 줄 문장 서른한 개를 찾아 하루에 하나씩 한 달 동안 사랑하는 사람에게 문자를 보내라(서른한 개가 힘들면 2월까지 기다리시든가).

여덟, 하자. 사랑하는 사람이 당신의 아름다운 발상에 감동하지 않을 수도 있겠지만, 위에 내가 제시한 이 모든 일을 미루지 말고, 결과를 생각하지 말고 지금 시작하라.

아홉, 영자. 이제 책을 다 읽었으니 사랑하는 사람에게 이 책을 건네며, 조금 엉뚱한 책이지만 당신도 꼭 한번 읽어 봤으면 좋겠어, 라고 말하라.

당신이 이 아홉 가지 숙제를 마칠 무렵이면 당신의 머리는 사람의 성분으로 가득 차 있을 것이다. 그럼 그 머리를 가지고 이제 당신이 내게 무언가를 보여 줘야 한다.

▼

　주방에서 요리를 만드는 내 모습을 보았다면, 내 불질, 칼질을 보았다면, 내 머릿속을 들여다보았다면, 이제 당신이 요리사가 되어 내 앞에 요리를 내놓을 차례라는 얘기다.

　발상전환이 필요 없는 사람은 없다. 호떡집 주인도 시청 공무원도 발상전환에 욕심을 내야 한다. 늘 고개 푹 숙이고 같은 방법으로 호떡만 찍어내는 호떡집 주인은 결코 한정식집 사장이 될 수 없다. 매일 복지부동이라는 인생철학을 손에 쥐고 출퇴근하는 시청 공무원은 결코 시장이 될 수 없다.

　할 수 있다. 누구나 할 수 있다. 당신도 할 수 있다. 얼마든지 할 수 있다. 언제든지 할 수 있다. 지금까지는 못한 게 아니라 안 한 것이다. 아직도 자신이 없다고? 그렇다면 결코 어렵지 않다는 증거를 보여 주는 것으로 이 책을 닫아야겠지.

　마지막 글은 〈오징어〉다. 불가능은 없다는 증거다.

평생을 물에 젖어 살아온 오징어가
마른안주의 대표가 되다니!

[ 부록 ]
# 내 머리 연습장

이 연습장은 스타트 북이라고 생각하면 된다.
책을 다 읽은 당신. 이제부터 내 머리 구하기를 시작해야지 하고 벌떡 일어선다.
그런데 당장 어디서부터 무엇을 어떻게 해야 할지 몰라
옴짝달싹 못하고 그 자리에 서 있다. 몇날 며칠을.
《내머리 연습장》은 이런 슬픈 상황이 발생할까 걱정되어 만든 책 속의 책이다.
그러니까 당신의 시작을 도우려고 태어난 나름 친절 도우미이고,
당신의 방황을 미리 차단시켜 줄 명민한 내비게이션이다.
이 연습장은 내가 입이 닳도록 설명한 9가지 주제를 놓고 당신에게 미션을 준다.
물론 순서대로 따라하지 않아도 좋다. 훑어보다 마음 내키는 것,
오호 이거 재밌는데? 한번 해 볼까? 하고 필이 꽂히는 것부터
골라 시작하면 된다. 중요한 건 시작이고 실행이다.
어느 것이든 미션에 한번 재미를 붙이면 나머지는 알아서 하게 되어 있다.
책이 끝났는데도, 분명 에필로그까지 다 읽어 줬는데도 또 붙잡고 늘어진다고
툴툴거리지 말고, 미친 척 연습 시작! 실행 시작!

▼

❶ 먼저 당신의 오늘 하루를 머리에 그려 보라. 어디를 갔는지, 뭘 먹었는지, 왜 화를 냈는지. 그리고 오늘과는 다른 내일을 살려면 내일은 어떤 것을 바꿔야 하는지, 살짝 진지하게 10가지를 꼽아 보라. 그것을 앞으로 열흘 동안 하루에 하나씩 실천하라.

❷ 당신이 곧 중국집을 오픈한다. 그 집은 짜장면도 탕수육도 없고 오직 짬뽕 하나만 만든다. 그런데 그 짬뽕이 너무 시원하고 얼큰해 술 마신 다음날 해장으로 딱이다. 그 짬뽕 이름을 3개만 지어 보라. 해장짬뽕 말고.

❸ 어떻게 지내십니까? 라고 물었을 때의 대답. 박세리, 조용필, 이외수, 이명박, 현빈. 이상 다섯 사람의 대답을 생각해 보라.

❹ 살면서 마음의 빚을 가장 크게 진 사람을 찾아, 그 사람이 무덤에 누울 때까지 잊지 못할 선물 하나를 생각해 내라. 돈 대신 머리를 써야 의미가 있으니, 선물 가격은 1만원 안팎이면 좋겠다(경제사정이 좋지 않다면 굳이 선물을 사지 않아도 된다. 그냥 마음으로만 선물할 그것을 생각해 보라).

❺ 비틀기의 대가 한 사람을 찾아보라. 단 유명인사는 당신을 만나줄 리 없으니 당신이 먼저 탈락시켜 버리고 당신 주변 인물 중에서 찾아라. 찾았다면 그와 단 10분이라도 마주 앉아 생각을 섞어 보고(왜 그렇게 해야 하는지는 책의 마지막 장 '영자'에 있다. 그래도 무슨 얘기인지 모르겠다면 '생각창고'를 떠올려라. 그래도 모르겠다면 나도 방법이 없다. 책 값 돌려줄 방법은 찾아보겠다), 그에게서 아이디어 딱 하나만 건져라.

❶ 부지런한 당신이라면 '떨자'에서 내가 말한 미션을 이미 수행 중일 것이다. 노파심에 거듭 챙긴다. 생각을 쑤셔 넣을 아이디어 노트는 이미 갖췄겠지? 이미 갖췄겠지? 이미 갖췄겠지?

❷ 강남역 10번 출구에 앉아 지나가는 사람들을 눈여겨보라. 그리고 다른 사람들과 전혀 느낌이 다른 열 사람을 찾아, 왜 그 사람이 다르게 느껴졌는지 기록하고 돌아오라(운 좋으면 누군가와 눈이 맞을 수도 있으니 꼭 실행할 것. 서울에 살지 않는 사람은 일부러 서울까지 오지 말고 당신이 사는 곳에서 가장 복잡한 곳을 찾을 것).

❸ 당신의 휴대전화에도 메모기능이 있다. 일주일 내에 그 메모장에 100개의 메모를 채워라. 보고 듣고 만난 모든 생각을 다 집어넣어야 채워질 것이다(지금 이 순간, 정철의 휴대전화 메모장엔 83개의 메모가 들어 있다).

❹ 종이 위에 연필로 무엇을 쓰는 일에 익숙하지 않은 사람을 위한 미션. 빈종이 한 장을 꺼내 연필을 들고 그곳에 100개의 단어를 써라. 단, 별이나 꿈, 밥 같이 한 글자로 된 단어들이어야 한다(이미 세 개를 공짜로 받았으니 97개만 생각해내면 되겠지. 괜히 내가 손해 보는 느낌이 든다. 103개를 쓰라고 할 걸 그랬나).

❺ 이번엔 조금 어려운 미션. 가장 효율적으로 머리를 굴리는 시간이 언제인지 체크해 보라. 깨어있는 시간이 16시간이라면 이를 4시간씩 4등분하여, 며칠을 반복해서 머리가 잘 돌아간다는 느낌을 받는 시간대를 체크하는 것이다. 4등분한 시간 중 어느 하나라는 판단이 서면 그 시간을 'My Time'으로 이름 붙이고, 당신이 하는 일 중 가장 중요한 일을 그 시간에 집중 배치하라.

자

❶ 명함을 하루 종일 뚫어지게 바라보라. 그래서 나 이런 사람이오, 하는 일반적인 용도 말고 다른 용도를 찾아보라. 10가지만. 그러니까 명함에 열 개의 구멍을 뚫는 것이다.

❷ 당신만의 사전을 만들어 보라. 복도, 점심, 오리, 박카스, 여의도, 파출부, 올림픽, 흔들바위, 철가방, 솜사탕. 이상 10개의 단어에 대해 당신만의 새로운 정의를 내리는 것이다. 물론 하나하나 인내를 갖고 관찰해야 한다.

참

❸ 사물에서 당신의 선생님을 다섯 분만 찾아라. 물론 왜 선생님으로 모셨는지 이유가 뒤따라 줘야겠지. 예를 들면 이렇게.
의자 : 하루 종일 엉덩이로 깔아뭉개도 묵묵히 자기 할 일을 한다. 내게 참을성을 가르쳐 주는 네 발 달린 선생님.

④ 잔디를 당신의 관점으로 바라보지 말고, 커튼, 하늘, 국회의원, 소주, 양말의 관점에서 바라보라. 그러니까 이 다섯 가지가 각각 눈이 달렸다 생각하고, 그들은 잔디를 어떻게 보고 있는지 각각 답을 만들어 보라. 그리고 여섯 번째 사물은 당신이 정해서 그 사물의 관점으로도 바라보라.

⑤ 아침에 눈 뜨자마자 단어 하나를 떠올리고 그것을 오늘의 키워드로 삼아라. 그리고 하루 종일 그 단어를 머릿속에 넣고 다녀라. 그리고 내 미션을 수행하라.

① 그 단어에 대한 나만의 정의를 새롭게 내린다.
② 그 단어의 가족이나 친척일 것 같은 밀접한 단어 10개를 생각해 본다.
③ 그 단어를 예쁘게 포장해서 선물하고 싶은 사람 다섯을 꼽아 본다.
④ 그 단어가 세상에 없었으면 어떤 일이 일어났을지 10가지만 생각해 본다.
⑤ 그 단어를 가지고 놀면서 생각한 모든 것을 아이디어 노트에 옮긴다.

❶ 당신의 코를 만져 보라. 물론 잘 생겼겠지. 그 코를 가지고 엉뚱한 호기심 다섯 가지를 만들어 보라. 코에는 왜 구멍이 두 개일까(이건 좀 약하지만)? 이렇게. 그리고 그 5개의 질문에 대한 답을 생각해 보라(질문 5개는 오늘 중으로, 답 5개는 일주일 내로).

❷ 책에 실린 광고회사의 시험문제. '맹인 친구에게 한강을 말로 설명해 보시오.' 당신은 이 문제를 풀지 않았으면서 푼 척 하며 다음 페이지로 넘어갔을 것이다. 용서할 테니 지금이라도 답을 써 보라.

❸ 어떤 것이라도 좋으니 엉뚱한 질문 10개를 만들어 보라. 단, 모든 질문엔 '상'이라는 글자가 꼭 들어가야 한다. 왜 '상'이냐고? 미션 잘 수행하고 있는 당신에게 상을 주고 싶어서.

❹ 당신 주변에는 무수히 많은 사람이 있다. 가족, 학교, 직장, 절이나 교회, 기타 동호회 등등. 그들 중 무작위로 50명을 선정하라. 그리고 그 50명을 다음 네 가지 큰 그룹으로 재분류하라.

① 무인도에 갈 때 함께 가고 싶은 사람.
② 호랑이와 나란히 세워 사진을 찍어 주고 싶은 사람.
③ 얼굴 성형수술 시켜 주고 싶은 사람.
④ 백일이나 돌 등 어릴 적 사진이 궁금한 사람.

❺ 다음 질문에 답을 찾아보라. 정답이 아니라 당신만의 오! 답으로.

① 여드름은 왜 옷으로 가릴 수 없는 곳에만 날까?
② 소녀시대는 야구팀도 아닌데 왜 아홉 명일까?
③ 리모컨에는 왜 당신이 누르지 않는 버튼이 더 많을까?
④ 영국과 우리나라가 국토를 맞교환하면 누가 손해일까? 왜?

▼

❶ 괄호 안을 채워 다음 문장을 조립하라(놀자 중 '조립하라' 연습).

국어 영어 수학을 뺀 나머지 과목은 기타 과목이다.
(         )(         )(         )를 뺀 나머지 종목은 기타 종목이다.
(         )(         )(         )를 뺀 나머지 회사는 기타 회사이다.
(         )(         )(         )를 뺀 나머지 직업은 기타 직업이다.
(         )(         )(         )를 뺀 나머지 영화는 기타 영화이다.

❷ '운동장'이라는 단어를 둘로 분리하여 그 두 개의 의미를 가지고 짧은 글을 써 보라. 물론 말장난이다(놀자 중 '분리하라' 연습).

❸ '스타트'라는 단어에서 일부를 발췌한 뒤, 발췌한 단어의 의미를 활용하여 스타트의 정의를 다시 내려보라(놀자 중 '발췌하라' 연습).

❹ '북'이라는 단어는 여러 가지로 해석할 수 있다. '북'이 가진 두 가지 이상의 뜻을 절묘하게 조화시켜 글을 만들어 보라(놀자 중 '중의하라' 연습).

❺ '겨울'이라는 단어를 모음 하나만 교체하면 우리가 자주 쓰는 또 하나의 단어가 보인다. 보였는가? 그럼 그 두 단어가 들어가는 문장을 만들어 보라. 닮은 단어 두 개의 맛을 잘 살려서(놀자 중 '교체하라' 연습).

❻ 국어사전을 펼쳐, 기역으로 시작하는 낱말 중 맨 마지막에 나오는 낱말이 무엇인지 확인해 보라. 확인했는가. 이번엔 미음으로 시작하는 낱말 중 맨 마지막에 나오는 낱말이 무엇인지 확인해 보라. 이제 그 두 개의 낱말을 가지고 문장 하나를 만들어 보라. 설마 아직도 사전을 마련하지 않은 사람은 없겠지?

▼

❶ 다음 속담의 뜻을 뒤집어서 해석해 보라. 가능하면 엉뚱하고 발칙하게.

① 모르는 게 약이다.
② 가는 날이 장날이다.
③ 바늘도둑이 소도둑 된다.
④ 등잔 밑이 어둡다.

❷ 앞에서부터 읽어도, 뒤에서부터 읽어도 똑같은 문장 하나를 만들어 보라. 예를 들면 이렇게. 소주 만 병만 주소.

❸ 애인끼리, 부부끼리 딱 하루만 남녀의 역할을 바꿔 지내 보라. 애인이면 여자는 데이트비용을 더 내고, 남자는 쪽팔리지 않을 만큼 화장을 하고. 부부라면 남편은 밥과 설거지를 하고, 아내는…(아내는 뭘 하지? 그러고 보니 남편들은 하는 일이 없군. 그럼 아내는 소파에 앉아 TV 보며 놀고). 어쨌든 하루만 역할을 뒤집어 보라. 서로를 이해하는 데 도움이 될 것임. 모태솔로는 미션 없음.

❹ 중학교 교실이다. 선생님이 학생들 자리에 앉고, 학생이 칠판 앞에 서 있다고 생각해 보라. 학생 자리에 앉은 선생님의 입에서 나올 수 있는 말을 세 마디만 생각해 보라. 칠판 앞에 선 학생의 입에서 나올 수 있는 말 세 마디도.

❺ '아침'의 반대말 5개만 생각해 보라. 저녁이나 밤 같은 것 말고 무릎을 탁 칠 만한 것으로. 무릎 얘기가 나왔으니 미션 하나만 더. 무릎의 반대말 5개도 생각해 보라.

❶ 프로야구 좋아하는가? 응원하는 팀이 있는가? 그렇다면 그 팀을 위해 응원가 하나를 만들어 보라. 작곡까지 해내라는 말은 안 할 테니, 애국가 1절을 그대로 훔쳐 와 가사만 바꿔 보라. 잘 만들면 당신이 응원하는 그 팀이 올해 한국시리즈 올라가는 데 큰 힘이 될 것이다. 나? 난 타이거즈다. 해태 타이거즈.

❷ 내 사전엔 불가능이란 없다. 누가 말했는가. 나폴레옹? 대단한 지식이다. 존경한다. 그런데 이 말은 잔뜩 폼을 잡기는 했지만 결국 무대뽀정신을 뜻한다. 이 말을 나폴레옹이 하지 않았다면 누가 했을 것 같은가? 정주영? 최경주? 우리가 알 만한 사람들로 열 사람만 꼽아 보라.

**따**

❸ 축구든 야구든 농구든 다 좋다. 백넘버 10번을 달고 뛰는 선수들 다섯 명만 데리고 와 일렬로 세워라. 그리고 관찰해 보라. 그 10번들의 공통점을 세 가지가 보일 것이다. 안 보이면 보일 때까지 그들을 돌려보내지 마라.

❹ 속담이든 격언이든 명언이든 다 좋다. 문장의 첫 글자가 '가'로 시작하는 것 두 개만 찾아내라. 찾았는가? 그 두 문장을 다 사용하여 글을 하나 써 보라.

❺ 내가 나를 훔치는 연습. 당신의 머릿속에 새겨져 있는 기억 네 가지를 꺼내 오라. 지금 꺼내지 않으면 다음 주쯤 영원히 기억에서 사라질지도 모른다. 아래 빈칸을 채우고 그것들을 그대로 아이디어 노트 속에 쑤셔 넣어 둬라.

① 초등학교 때 교실에서 (                    )
② 비가 억수로 쏟아지던 날 (                    )
③ 아빠가 가장 고마웠을 때가 (                    )
④ 다시 가고 싶지 않은 곳은 (                    )

자

❶ 당신이 꿈을 이루기 위해 지금 꼭 해야 할 일 다섯 가지를 아이디어 노트에 적어 둬라. 그리고 오늘로부터 딱 6개월 되는 날, 그 페이지를 다시 펼치고 실천한 것에 빨간 펜으로 하트를 그려 줘라.

❷ 지구엔 (            )가 있다. 괄호 속에 가장 먼저 떠오르는 단어 아무거나 써라. 썼는가. 이제 괄호를 채운 이 문장을 시작으로 다섯 줄 이내의 짧은 글을 하나 써 보라. 저지르고 나서 설거지 하는 연습이다. 친정엄마가 설거지해 줄 거라 기대하지 말고 끝까지 당신의 머리로 해 내라.

하

❸ 지금부터 한 시간 후, 밖으로 나가 무조건 동쪽 방향으로 걸어라. 맞은편에서 걸어오는 사람들이 있을 것이다. 하나, 둘, 셋… 그 사람들에게 차례로 번호를 붙이면서 걷다가 열세 번째 사람이 당신 앞으로 걸어오면 그 사람을 세우고 말을 붙여라. 어떤 말이든 좋다(모르는 척 길이라도 물어라). 숫기 없다는 핑계로 계속 열둘 열둘만 세면 혼날 줄 알아라.

❹ 당신에겐 나쁜 습관이 있을 것이다. 그것과 이별하라. 금주, 금연하듯이 오늘부터 딱 끊어라. 양다리 걸치는 습관이 있다면 '금양'이라고 벽에 써 붙이고, 술 취하면 전화 거는 습관이 있다면 '금전'이라고 써 붙여라. 오늘 당장.

❺ 당신이 살아오면서 실패한 것 다섯 가지만 떠올려 보라. 학교든, 직장이든, 운전면허든, 마라톤 완주든. 그것을 아이디어 노트에 적고, 그 곁에 다섯 가지 실패에서 얻은 배움을 나란히 적어라. 다 적었는가. 그럼 그 다섯 줄 위에 제목을 달아라. 나는 성공으로 가는 다섯 계단을 올랐다, 라고. 굵은 글씨로.

❶ 당신이 받은 마지막 손 편지는 언제 누구로부터였는가. 당신이 쓴 손 편지는 언제 누구에게 보낸 것이었는가. 두 가지 모두 6개월 이전의 일이었다면 이번 주 안에 누군가에게 손 편지를 써서 부쳐라. 내가 누군가라고 했을 때 가장 먼저 머리에 떠오른 그 사람에게.

❷ 당신이 가장 사랑하는 열 사람을 꼽아 보라. 아이디어 노트에 오늘 날짜를 쓰고 그들의 이름을 적어라. 오늘로부터 딱 1년이 되는 날, 다시 열 사람을 꼽아 보라. 그리고 1년 전과 1년 후를 비교해 보라. 몇 사람이 바뀌었는지, 누가 바뀌었는지, 왜 바뀌었는지 생각해 보고 그 생각을 이름들 곁에 적어라.

❸ 책에서는 사람의 성분을 아홉 가지라고 말했다. 사랑, 긍정, 용기, 희망, 위로, 감사, 믿음, 겸손, 배려. 이것들과 온도가 비슷한 따뜻한 성분을 두 가지만 더 찾아 베스트 11을 만들어 보라.

❹ 글을 쓸 땐 머릿속에 그림이 그려지게 구체적으로 써야 한다고 했다. 기억하는가. 책의 마지막 장 '영자'에서 〈하느님의 컨디션〉이라는 글을 예로 들며 강조했는데. 기억 못해도 할 수 없다. 아이큐 200이 안 되는데 어떡하겠나. 미션이나 수행하라. 다음 한 문장을 구체적인 글로 바꿔 써 보라. 머릿속에 그림이 떠오르도록.

"화장실을 깨끗이 사용합시다."

❺ 이 책의 에필로그에 해당하는 '도착'에는 아홉 가지 숙제가 있다. 모두 당신이 사랑하는 사람을 향한 미션이다. 했는가? 하지는 않았지만 곧 하려고 마음먹고 있다고? 안 했군. 지금 다시 '도착'으로 돌아가라.